Daniela Diniz

GRANDES LÍDERES DE PESSOAS

A trajetória dos líderes de Recursos Humanos mais influentes do Brasil e seu legado para as futuras gerações

Benvirá

Preparação Maria Silva Mourão Netto
Revisão Laila Guilherme e Tulio Kawata
Projeto gráfico, diagramação e capa Caio Cardoso
Ilustração de miolo (textura) ExpressIPhoto/Thinkstock
Impressão e acabamento Corprint

Dados Internacionais de Catalogação na Publicação (CIP)
Angélica Ilacqua CRB-8/7057

Diniz, Daniela
Grandes líderes de pessoas : a trajetória dos líderes de recursos humanos mais influentes do Brasil e seu legado para as futuras gerações / Daniela Diniz. - São Paulo : Benvirá, 2018.
224 p.

ISBN: 978-85-5717-230-2

1. Recursos humanos 2. Líderes 3. Administração de pessoal I. Título

CDD 658.3
18-0620 CDU 658.3

Índices para catálogo sistemático:
1. Recursos humanos - Líderes

1ª edição, julho de 2018

Av. das Nações Unidas, 7221, 1º Andar, Setor B
Pinheiros – São Paulo – SP – CEP: 05425-902

SAC
0800-0117875
De 2ª a 6ª, das 8h às 18h
www.editorasaraiva.com.br/contato

EDITAR 15763 CL 670533 CAE 627974

Ao meu pai, Francisco, meu primeiro exemplo de liderança.

AGRADECIMENTOS

São muitos os que me ajudaram nesta jornada até aqui. Agradeço primeiramente a Deus, o responsável por permitir que sonhos virem realidade.

A meus pais, Francisco e Dalva, base da minha educação e do meu caráter, sempre presentes na minha vida, no meu coração e na minha memória.

Aos profissionais e líderes maravilhosos que cruzaram meu caminho ao longo da minha trajetória profissional: Cláudia Vassallo, a quem agradeço por ter me incentivado, ainda no início da minha carreira, a fazer mais reportagens sobre Recursos Humanos; Maria Tereza Gomes, que me mostrou o valor de um trabalho sério e de uma apuração precisa; Juliana De Mari, que me deu asas e autonomia para preencher páginas e mais páginas com histórias do mundo corporativo; José Eduardo Costa, pelas longas e deliciosas conversas sobre a vida, o mundo e o futuro; Alexandre Caldini, meu exemplo na arte de cultivar relacionamentos genuínos.

Agradeço também a Vicky Bloch, que por várias vezes, ao ser entrevistada, me mostrou que a reportagem poderia ter outro tom ou ir por outro caminho (não foi diferente com este livro), e a Sofia Esteves, minha mentora, amiga e um dos seres humanos mais generosos que conheço. Obrigada por oferecer seus ouvidos e suas palavras nos momentos mais importantes da minha carreira. À jornalista Anna Carolina Oliveira, que com sua pesquisa rigorosa e organização detalhada permitiu que os 30 anos de Recursos Humanos recebessem uma base histórica profunda – além de ter me salvado nas horas e horas de entrevistas a serem decupadas.

Agradeço também a todos os personagens desta história. Todos, sem exceção, me receberam de forma gentil e calorosa e se dispuseram a contar em detalhes as glórias e os solavancos da carreira, de forma intensa e emocionada.

Agradeço especialmente a meu filho Leonardo, por compreender – no auge dos seus seis anos – o motivo da minha ausência durante vários fins de semana, e a meu marido, Luiz Guilherme, minha fonte de inspiração, exemplo de dedicação e profissionalismo em tudo o que faz e meu parceiro de vida.

SUMÁRIO

APRESENTAÇÃO

O ano era 2001. Eu tinha acabado de iniciar minha carreira de jornalista numa das redações de maior prestígio do país, a revista *Exame*, publicada pela Editora Abril. No início, me aventurei pelos números, e foi na área de finanças que rabisquei minhas primeiras reportagens. Mas meu olhar sempre esteve voltado para as pessoas, e, ciscando oportunidades internas, me prontificava a investigar um pouco mais sobre a chamada "vida executiva". Afinal, os números não são absolutamente nada sem as pessoas. E foi assim que, em pouco menos de um ano, fui me aperfeiçoando em matéria de gente.

De 2001 para cá, tive a oportunidade de conhecer mentes brilhantes e ouvir histórias incríveis sobre o mundo corporativo. Ao longo dessa trajetória, vivi e senti na pele a mudança no mundo do trabalho, o impacto da tecnologia nas relações corporativas, os modismos relacionados às práticas voltadas às pessoas, seus fracassos e a transformação da área de Recursos Humanos – sempre meu ponto de maior observação. Quando comecei a falar e escrever sobre gestão de pessoas, os departamentos ainda eram muito hierarquizados, o conceito de carreira era mais fechado, as práticas de Recursos Humanos eram mais modestas e o lugar desse profissional permanecia mais à sombra. A vida corporativa em 2001 era mais previsível (inclusive nas próprias redações).

Em 17 anos, tudo isso mudou. Não se atribui mais o sucesso na carreira a um alto cargo e ao tipo de automóvel que se tem na garagem – aliás, esse benefício vem ficando cada vez mais obsoleto num mundo que preza a flexibilidade. Não se separa mais a vida em duas partes: a profissional e a pessoal. Está tudo junto e misturado, como gostam de dizer os adolescentes. A tecnologia nos permite estar em todos os lugares e conectados a todas as pessoas, o tempo todo. O fato é que a complexidade dessas mudanças afetou a forma como as pessoas se relacionam, seus sonhos, suas metas, seu conceito de sucesso e seu jeito de trabalhar. As pessoas foram ficando cada vez mais importantes, e a área de Recursos Humanos se tornou "alvo estratégico". Em 2003, começou a pipocar esse termo entre as minhas fontes – consultores, *headhunters*, CEOs e, obviamente, líderes de Recursos Humanos. O tal "RH estratégico" fortaleceu a imagem da área de pessoas, situando esse profissional num nível a que até então ele não estava acostumado.

De lá para cá, o perfil da área e do líder de RH vem mudando. E é essa história que eu conto neste livro. Quem foi e quem será o líder de RH, na voz do próprio RH. Quem foram os responsáveis por transformar a área operacional, o apêndice da companhia, numa área vital, responsável pela sustentabilidade dos negócios. Do estigma de patinho feio, do abraçador de árvores, do fiscal, à figura-chave na organização. Quem são essas pessoas e como elas fizeram (e estão fazendo) essa virada. Quais foram (e quais são) seus principais desafios e medos. Quais batalhas decidiram encarar (e quais perder) e como elas traçaram sua trajetória profissional.

Os personagens deste livro estão deixando sua marca nesta incrível revolução no mundo do trabalho. São líderes à frente de áreas realmente estratégicas. Profissionais disputados que têm conseguido atrelar a língua falada pelas pessoas à linguagem dos negócios. Os 14 nomes incluídos aqui foram mencionados várias vezes pelos principais *headhunters* e consultores do mercado como exemplos de líderes de Recursos Humanos que despontaram no passado e despontam no presente, como protagonistas em suas organizações. A eles não coube um papel secundário. Com marcantes diferenças de estilo, trajetória, origens e ambições, todos têm em comum a visibilidade que alcançaram dentro das empresas por onde passaram e no mercado de um modo geral. São reconhecidos como referência na transformação da área de pessoas, como influenciadores de seus negócios e de seus times. Não passaram e não passarão despercebidos.

Preferi que eles mesmos me contassem suas histórias e como planejaram e construíram sua trajetória profissional, como escolheram os caminhos que os levaram algum dia ao mundo da gestão de pessoas e como viveram na pele a mudança da área e do perfil do profissional de RH. Para mim, ouvir por horas e horas esses executivos e executivas foi mais do que um ofício do jornalismo, profissão que escolhi aos 13 anos porque queria contar histórias, foi um aprendizado para a vida.

A autora

INTRODUÇÃO

Do DP ao RH – uma breve história da gestão de pessoas

Na véspera do Natal de 1985, Rolf Loechner, presidente da Bayer no Brasil, chamou o diretor de Recursos Humanos da empresa em sua sala e, com um cheque nas mãos – o bônus de final de ano do executivo –, sentenciou: "Theunis, você é muito bom para estar no RH". Theunis Marinho, então com 34 anos, emudeceu. Loechner prosseguiu: "O que você espera da vida?". Theunis foi sincero ao dizer que sua ambição era ser diretor de Recursos Humanos de uma empresa mais importante do que a Bayer. Na época, as montadoras e as metalúrgicas estavam na mira do executivo mineiro. "Pensei que seria demitido ao dizer a verdade, mas a resposta de Loechner me deixou ainda mais surpreso", diz Theunis, hoje presidente da Associação Brasileira de Recursos Humanos de São Paulo (ABRH-SP) e membro de conselhos de administração e consultivos de empresas. Num tom bem germânico, Loechner disse: "Você não deve sair da Bayer; deve é sair do RH".

Esse diálogo, carregado com o tom pejorativo que a área de Recursos Humanos recebia à época, poderia ter acontecido em qualquer empresa na década de 1980. Rotulado de "Geribau Paschoal, chefe de pessoal",[1] o líder de RH desse período era uma espécie de

---

1. Expressão jocosa atribuída ao profissional de Recursos Humanos para rotulá-lo como um funcionário burocrático, responsável por cumprir as normas da organização sem pensar na estratégia.

profissional técnico-administrativo que fazia o dever de casa corretamente e se certificava de que a rotina corporativa estava sendo cumprida. Em sua lista de responsabilidades, nenhum *glamour*: admitir, contabilizar entradas e saídas, pagamentos, vales, descontos, faltas, advertir irregularidades, demitir e aplicar advertências. Enfim, Geribau Paschoal era o homem de confiança do dono. Fazia o que era mandado fazer. "Há 30 anos, o RH era totalmente operacional. Não tinha nenhum poder de voz. Os profissionais da área tocavam o que os outros mandavam", diz Sofia Esteves, presidente do Conselho no Grupo Cia de Talentos, consultoria especializada em seleção e desenvolvimento de talentos no Brasil e na América Latina.

Em um artigo publicado na revista acadêmica *Human Resources Management Review* (HRMR), o doutor em economia Bruce E. Kaufman cita algumas conclusões dos estudos de Fred Foulkes, fundador e diretor do Human Resources Policy Institute (HRPI), que corroboram o perfil passivo do profissional de RH descrito por Sofia Esteves: "Em muitas empresas, as responsabilidades do Departamento de Pessoal foram resumidas a tipos insignificantes de atividades. Os funcionários desses departamentos raramente são consultados em questões de política corporativa. Desenvolvem e implementam muitos programas de pessoal que não estão intimamente relacionados aos objetivos da empresa".[2]

Foulkes observa ainda que, a partir de meados da década de 1970, apenas 150 dos 39 mil graduados da Harvard Business School eram empregados em algum cargo no Departamento de Pessoal ou no de Relações Industriais, explicando que muitos deles associavam a área a um lugar de baixo *status*. Lilian Guimarães, que foi executiva de Recursos Humanos dos bancos Real, Santander e da empresa

2. KAUFMAN, B. E. "Human Resources and Industrial Relations: Commonalities and Differences". *Human Resources Management Review,* Oxford, v. 11, issue 4, p. 339--74, 2001. Disponível em: <https://www.sciencedirect.com/science/article/abs/pii/S1053482201000456>. Acessado em 12 de março de 2018.

de cosméticos Natura, conta que, da sua turma de 40 alunos formados em Administração de Empresas pela Fundação Getulio Vargas, em 1982, ela foi a única a ingressar na área de Recursos Humanos.

Ainda hoje, o RH não é a primeira opção dos estudantes que se formam em Administração de Empresas, nem dos *trainees* de modo geral. Segundo uma pesquisa da Cia de Talentos, a área de Recursos Humanos aparece em quarto lugar na lista de preferência dos jovens *trainees*, atrás das de Marketing, Financeira e Comercial. Isso é fruto de uma longa trajetória durante a qual o RH ficou relegado ao ostracismo corporativo, época em que falar de pessoas não era uma atividade frequente no mundo dos negócios.

A exceção no Brasil coube àqueles que estavam à frente do Departamento de Recursos Humanos de montadoras e metalúrgicas – não à toa, as organizações que Theunis Marinho pensava como próximo passo para sua carreira. Num período em que as relações sindicais ditavam o tom da área, ter uma passagem pela indústria automobilística, epicentro dos embates, tornava o líder de RH um profissional estratégico. Vale lembrar que, em 1978, foram registradas seis greves em um mesmo período no ABC Paulista. "O perfil que se buscava para essa área era pautado pelo peso que o executivo tinha junto ao sindicato e quanto conhecimento de relações sindicais ele oferecia", lembra Fátima Zorzato, da consultoria de seleção, orientação e avaliação de executivos INWI Consulting, ela que, antes de seguir para o mundo de *executive search*, foi vice-presidente de Recursos Humanos do Grupo Machline, dono das empresas Sharp, Digibanco e SID. Fátima acrescenta: "Eu mesma tive de lidar com 116 sindicatos e pagar as pessoas semanalmente por causa da inflação altíssima. O diretor de RH da década de 1980 era uma pessoa de personalidade negocial".

Por essa necessidade, muitos Departamentos de Pessoal passaram a ser rebatizados como Relações Industriais, herdando as funções do DP e acrescentando outras, como a administração do relacionamento entre a organização e os sindicatos e a coordenação interna com os demais departamentos. A tarefa de apaziguar as relações entre empregados e empregadores marcou essa fase da história do profissional de Recursos Humanos que, no papel de DRI – diretor de Relações Industriais –, atuava como uma espécie de órgão intermediário e conciliador entre a organização e os trabalhadores. O líder de RI era praticamente o cara do meio de campo.

Embrião do RH estratégico

Apenas em meados da década de 1980 começa a nascer uma nova expectativa para o líder do Departamento de Pessoal e para a área como um todo. Algo que vai além do caráter negocial e do cumprimento de tarefas burocráticas. Gente começa a incomodar as estruturas e gente começa a entrar no discurso como "ativo importante" da companhia. É nessa época que Tichy, Fombrum e Devanna, pesquisadores da Universidade de Michigan, começam a defender que a gestão de Recursos Humanos deveria promover uma melhor combinação entre as políticas empresariais e os fatores ambientais, o que, na prática, significava que os processos de RH passariam a ser derivados das estratégias corporativas da empresa.[3] Eis aí o embrião do RH estratégico – uma fase em que os profissionais da área não sabem o que fazer, pois perderam sua referência passada e não entendem como devem agir para o futuro. No Brasil, essa demanda surgiu mais para o final da década de 1980, início da de 1990. "Houve uma confusão generalizada do ponto de vista de pessoas nessa época", diz Vicky Bloch, da Vicky Bloch Associados, onde atua especialmente em *coaching* de CEOs e seus principais executivos, em processos de sucessão de empresas familiares

3. FISCHER, A. L. *A constituição do modelo competitivo de gestão de pessoas no Brasil: um estudo sobre as empresas consideradas exemplares.* 1998. 393 f. Tese (Doutorado em Administração) – Faculdade de Economia, Administração e Contabilidade da Universidade de São Paulo.

e em programas de formação de jovens lideranças. "Começaram a colocar na rua os profissionais obsoletos e chamaram o RH para falar de coisas que ele nunca tinha parado para pensar."

Segundo Luiz Carlos de Queiroz Cabrera, um dos mais respeitados *headhunters* do país, a área de Recursos Humanos fora desenhada até então para falar de cargos (e não de pessoas). "Até meados da década de 1980, o contrato entre pessoas e empresas era simples. A organização oferecia segurança; o empregado, lealdade", afirma Cabrera. "Em 1988, o Programa de Demissão Voluntária do Banco do Brasil rasga esse contrato. A partir daí inicia-se nas organizações um novo tipo de relação – a de trocas simbólicas, e aqui o RH se atrapalha todo." Esse momento de transição exigiu um enorme esforço dos profissionais da área e provocou muitas cabeçadas. Verificou-se a necessidade de criar um novo perfil para o líder de Recursos Humanos, mas faltava gente preparada para assumir esse posto. "Antes, havia uma identidade bem definida e um perfil claro desse líder de pessoas. Depois, as expectativas da empresa em relação à área e ao líder de RH mudaram, e ninguém sabia realmente o que fazer", diz Felipe Westin, que, em 1989, foi recrutado para assumir a diretoria de RH da Monsanto, gigante do setor de biotecnologia.

A necessidade de um novo rosto para assumir a área de pessoas surge, mas, sem um desenho bem definido, o recrutamento desse profissional se torna um tanto desafiador. O próprio Westin fora chamado na Monsanto por representar um perfil mais próximo do imaginário estratégico, que poderia atender às novas demandas do momento. Apesar de ter iniciado sua carreira na área de Recursos Humanos da Dow Química, em 1972, ele era formado em Economia e havia passado dez anos fora da área de RH, liderando uma unidade de negócios na fabricante de alumínio Alcoa. Parecia, portanto, a aposta ideal para o atual cenário corporativo. "Antes dessa fase, a expectativa era mais concreta e as métricas, mais fáceis e objetivas. Como medir o retorno de desenvolvimento do time, o investimento em talento? Essa zona cinzenta dificulta a forma como o líder de Recursos Humanos passa a ser cobrado", diz Luis Giolo, sócio do escritório brasileiro da Egon Zehnder, empresa de recrutamento de executivos.

A parte *soft* do RH, como define Giolo, quando se trata de treinamento, desenvolvimento e investimento em formação de talentos, se torna mais importante do que a parte *hard*, de controle, fiscalização, relações sindicais e pagamentos. É nesse momento que a área responsável por cargos e salários começa a ficar em segundo plano e os treinamentos ganham cada vez mais força, aguçando a necessidade de um profissional mais sofisticado. "A sofisticação do RH no Brasil começou a aparecer em Treinamento e Desenvolvimento", diz Vicky Bloch. "Começa a nascer aqui uma nova geração que vai aprender a fazer e trazer coisas novas para a área."

Sai de cena o RH da negociação e entra o RH da capacitação. As montadoras e as metalúrgicas vão ficando para trás, e os bancos começam a ser o novo celeiro da próxima geração de profissionais de Recursos Humanos, pois têm dinheiro para investir nos novos treinamentos que surgem. "As companhias começam a sentir necessidade de melhorar seus próprios recursos, e o gestor de RH vai agregando novas funções à medida que o negócio vai demandando", diz Ana Paula Bonilha, da Spencer Stuart, outra empresa de recrutamento de executivos de alto nível. Diante de um cenário mais complexo, o RH começa a se preocupar com questões ligadas a gerenciamento de carreira, remuneração e treinamento profissional. Muitos processos e programas incorporados, como os princípios da divisão de trabalho, a meritocracia e a gestão de carreira e salários, foram adaptações – nem sempre bem-feitas – de programas praticados no exterior e trazidos pelas multinacionais ao se instalarem no Brasil.

Uma nova formação

A adoção de tais modelos significou um passo importante para a área de Recursos Humanos, que, aos poucos, foi se profissionalizando e modernizando. O novo patamar ao qual o líder de pessoas é alçado demanda uma nova formação. Se as companhias ainda não tinham entendido direito o perfil ideal para assumir a área, elas ao menos sabiam que não iriam mais recorrer a advogados especialistas em direitos trabalhistas ou a contadores para ocupar essa função. Os currículos desejados passam a ser mais amplos, oferecendo uma visão mais humanista. "O aspecto puramente legal da fase anterior passou a ser apenas mais uma das preocupações desse gerente de RH, e não a principal. Entraram em cena os serviços administrativos e as práticas novas e de valor real para os empregados", diz Jean Pierre Marras, no livro *Administração de Recursos Humanos: do operacional ao estratégico*.[4]

Nesse novo desenho organizacional, as portas do Departamento de Recursos Humanos começam a se abrir para outros profissionais. Executivos que não "nasceram" em RH passam a ser atraentes para a área nesse momento. "Até então, você trilhava uma carreira em Recursos Humanos. Começava como estagiário e, de acordo com sua experiência e tempo de casa, chegava a gerente ou diretor da área", diz Sofia Esteves. "A partir dessa fase, a carreira em RH deixa de ter um cargo entrante e as pessoas começam a vir de fora." Profissionais de fora começavam, ainda de forma tímida, a ser recrutados no mercado. Antes, todas as relações corporativas aconteciam de maneira muito fechada, caseiramente, o que revela também a pouca maturidade (e, podemos dizer, o pouco profissionalismo) da gestão de pessoas. "De 1992 a 1995, vivemos uma etapa de 'evangelização' e sensibilização da informação, e as empresas brasileiras passam a utilizar o serviço de

---

4. MARRAS, J. P. *Administração de Recursos Humanos: do operacional ao estratégico*. São Paulo: Saraiva, 2009.

executive search", diz Fátima Zorzato. "As companhias começam a sair da rota do *networking* pessoal e a substituir pessoas por outras que devem levar a empresa mais longe."

Na busca pelo perfil mais estratégico, muitas empresas "pesaram" a mão para o lado racional, esquecendo a essência da área. Segundo um estudo da Egon Zehnder, nas últimas duas décadas, "mais e mais empresas nomearam para o posto de RH executivos com bom senso empresarial, embora alguns deles pudessem não ter muita experiência na função de RH". Foi a fase em que engenheiros passaram a ser requisitados para assumir a função de líder de Recursos Humanos. Em seu estudo, os consultores da Egon Zehnder alertam que esse caminho não é o mais adequado e que a escolha de um CHRO (*Chief Human Resources Officer*) deveria exigir muito mais dedicação do que representar a escolha de alguém automaticamente externo à função apenas por ter "cabeça para negócios".

Hoje, quando se pensa na formação de um líder de RH, a resposta é muito menos exata. Tanto faz, diriam alguns – desde que entenda da natureza humana, saiba "ler" o ambiente e faça contas. O exemplo mais clássico dessa mescla de competências vem do Google, ainda na década passada. Em 2003, cinco anos após sua fundação, a empresa foi ao mercado selecionar seu executivo de Recursos Humanos. Depois de entrevistar e rejeitar cerca de 50 candidatos, seu *briefing* para o recrutador foi, no mínimo, desconcertante: "Encontre um astrofísico sem conhecimento de RH que nos ajude a ir de 200 para 10 mil pessoas e entrar em 48 países em dois anos". A escolhida foi Shona Brown, Ph. D. em Ciência da Computação, ex-sócia da consultoria global de estratégia McKinsey e que, durante três anos, desempenhou um papel duplo na empresa, RH + Estratégia, quando basicamente cuidou de recrutamento, remuneração e criou o modelo de expansão e operação de negócios. Ficou dois anos e meio em RH e depois só se dedicou a estratégia por mais dez anos.

Para José Augusto Figueiredo, presidente no Brasil da Lee Hecht Harrison, empresa global de desenvolvimento de talento e transição de carreira, hoje o perfil do líder de Recursos Humanos está mais para um sociólogo. "O líder de RH deve ser alguém que entenda como as tribos operam juntas", diz ele. "Essa análise vai ajudá-lo a ponderar, juntar as partes, fazer perguntas e mostrar para o CEO os diferentes pontos de vista."

Uma área rebatizada

Como resposta a um novo nível de responsabilidade, a área não somente busca um novo perfil de líder como também muda de nome. Antes Recursos Humanos, começa a ser conhecida como Gestão de Pessoas. Algumas companhias passam a criar outras nomenclaturas para definir essa área: Gestão de Talentos, Desenvolvimento Humano, Talentos Humanos, Gente e Gestão. O Grupo Algar, holding brasileira que atua nas áreas de tecnologia de informação, agronegócios, serviços e turismo, por exemplo, renomeou o Departamento de Recursos Humanos, em 1989, como Área de Talentos Humanos. A decisão foi um marco importante no Grupo, que não queria mais chamar as pessoas de "recursos" para não compará-las a máquinas, equipamentos ou matéria-prima. Pelo mesmo motivo, os funcionários começaram a ser chamados *colaboradores,* nome ainda hoje bastante usado por companhias brasileiras.

A mudança mais famosa de nome da área foi adotada pela Brahma, antes de se tornar Ambev, entre 1994 e 1995. "Nesse período, participei da mudança de nome de área – de Recursos Humanos para Gente e Gestão. Tinha tudo a ver com o conceito que a empresa queria passar. Fizemos um vídeo de lançamento com o Marcel Telles, presidente da companhia à época, em que ele dizia que a responsabilidade por gente é de cada gestor", diz Antonio Salvador, vice-presidente de

Recursos Humanos, Sustentabilidade e Tecnologia do Grupo Pão de Açúcar, controlado pelo grupo francês Casino, que começou sua carreira na área de Comunicação da Brahma. Até hoje, muitas empresas ainda se inspiram ou simplesmente copiam o nome criado pela Ambev na década de 1990. Muitas vezes, erroneamente. "Muitas empresas ainda pedem o perfil Ambev na descrição do perfil do CHRO", diz Ana Paula Bonilha, da Spencer Stuart. "Acontece que a filosofia 'Gente e Gestão' não serve para qualquer empresa. Há muitos executivos que, quando saem da Ambev, passam por um difícil processo de adaptação." O próprio Salvador decidiu readotar o nome clássico "Recursos Humanos" no lugar de "Gente" assim que chegou ao GPA. "Não é o nome que vai tornar a área mais ou menos estratégica. É preciso ser autêntico", afirma ele, referindo-se a um mal do RH que nasce nessa nova fase de identidade e ainda não tem data para acabar: os modismos. "O que mais me irrita no RH ainda são os modismos que a área segue", diz Sofia Esteves. "Todos agora querem rasgar a avaliação de desempenho, por exemplo, porque a GE [conglomerado multinacional de origem americana, classificada pela revista *Fortune* a terceira maior empresa dos Estados Unidos em receita bruta em 2017] repensou toda a sua avaliação. É preciso ser realista com a cultura de cada organização."

Ulrich – um divisor de águas

Um nome passou a figurar nas rodas corporativas na década de 1990: David Ulrich. Considerado o guru do RH, Ulrich elevou o *status* do líder de Recursos Humanos ao organizar a área de modo mais eficiente, separando o transacional do estratégico. Não à toa, praticamente todos os personagens deste livro citam – em algum momento – a influência desse americano, professor na Universidade de Michigan, nos seus negócios e, consequentemente, em suas carreiras. Para Ulrich, o RH deveria se concentrar no ajuste de suas práticas à estratégia empresarial como um todo. Ao desempenhar esse papel, o profissional de RH pouco a pouco se torna um parceiro estratégico, ajudando a garantir o sucesso e a aumentar a capacidade da empresa para atingir seus objetivos. "Os profissionais de RH precisam realizar *RH estratégico,* convertendo as estratégias empresariais e as capacidades organizacionais em ações. O RH estratégico ajuda a cumprir a promessa de decisões estratégicas, e o cumprimento das promessas ajuda as organizações a desenvolver relações eficazes com seus funcionários, clientes e investidores." Esse foi o primeiro passo para o RH se tornar, de fato, estratégico.[5]

Mas como ser estratégico tendo de cuidar de mil coisas ao mesmo tempo? Até então, atividades como recrutamento e seleção, integração, treinamento e desenvolvimento, administração de salários e benefícios, segurança no trabalho e avaliação de desempenho se concentravam firmemente nas mãos do RH. Para se tornar estratégico, era preciso repensar essa distribuição de tarefas. Juntamente com Wayne Brockbank e Jon Younger, Ulrich articulou um novo desenho para a área, dividindo as funções em centros de Serviços Compartilhados, Centros de Especialização e Parceiros de Negócio, os chamados *business partners.*

Os estudos de Ulrich ajudaram a moldar o pensamento atual sobre a área de Recursos Humanos e como suas práticas deveriam estar alinhadas às necessidades do cliente (organização). Nessa nova filosofia de trabalho, a liderança assume responsabilidades que antes eram apenas da área de Recursos Humanos, como promover treinamentos, desenvolvimento de carreira, entrevistar candidatos, contratar e administrar o pacote de remuneração. Agora, o RH tem mais espaço para elaborar políticas e diretrizes que deem apoio à estratégia corporativa. Fazer gestão de pessoas, como antecipou a Ambev, passa a ser um dever de todos e não uma tarefa exclusiva do RH, o que gerou alguns

5. ULRICH, D. *Os campeões de Recursos Humanos: inovando para obter os melhores resultados.* São Paulo: Editora Futura, 1998.

debates, inclusive, a respeito da sobrevivência da área nas organizações, uma vez que seu papel vem sendo delegado para os demais líderes.

A discussão mais recente e apimentada foi provocada pelo indiano Ram Charan, em 2014, a partir do artigo "It's Time to Split HR" [Está na hora de subdividir o RH], que ele escreveu para a revista *Harvard Business Review*. Segundo o artigo, apesar de as tarefas práticas da gestão de pessoas serem necessárias, é hora de dizer adeus para o Departamento de RH como um todo.[6]

Charan fez uma comparação entre o CHRO e o CFO, explicando que a expectativa de muitos CEOs ao redor do mundo era que o RH tivesse exercido um papel mais estratégico e efetivo na organização, como aconteceu quando a área financeira passou por uma revolução. "Eles (CEOs) gostariam de confiar nas habilidades do CHRO para relacionar pessoas e números a fim de diagnosticar as fraquezas e os pontos fortes da organização, fazer o ajuste certo entre funcionários e vagas de trabalho e aconselhar sobre o impacto dos talentos na estratégia corporativa. Mas é raro um CHRO que desempenhe um papel tão ativo", escreveu Charan.

O guru indiano não sugeriu exatamente a extinção da função do RH, mas uma redistribuição de suas atividades em duas áreas. Uma, responsável por administrar pagamentos e benefícios, deveria se reportar ao Financeiro; a outra, encarregada de desenvolver os colaboradores, deveria se reportar ao CEO.

Em resposta ao artigo de Charan, que causou um burburinho na comunidade de Recursos Humanos, Ulrich julgou que esse pensamento era um tanto simplista. Para o americano, o baixo nível do CHRO, a que se refere Charan, não é privilégio do RH. Segundo Ulrich, em qualquer área de atuação, 20% dos profissionais são classificados como

---

6. CHARAN, R. "It's Time to Split HR". *Harvard Business Review*, Boston, jul./ago. 2014. Disponível em: <https://hbr.org/2014/07/its-time-to-split-hr>. Acessado em 12 de março de 2018.

"excepcionais" e agregam valor à companhia; outros 20% são incompetentes ou não comprometidos; e os 60% restantes estão no meio do caminho. "É fácil e justo criticar os 20% abaixo da média, mas não é justo colocar todos os profissionais no mesmo patamar. Tenho a tendência a não focar nos extremos (os dois grupos de 20%). Os 60% me parecem estar ativamente empenhados em aprender como ajudar suas organizações a melhorar. Às vezes, eles são limitados por sua própria falta de capacidade, mas acho que muitas vezes isso acontece por conta do topo da liderança que não aprecia o que esses CHROs têm a oferecer. Sou favorável à ideia de ensinar aos 60% o que é possível fazer para agregar valor à organização, mesmo em circunstâncias difíceis, como trabalhar com gestões que não dão suporte ao RH ou atuar em mercados conturbados", disse Ulrich em resposta a Charan.

O próximo CEO?

Passadas duas décadas das teorias e conceitos de Ulrich – seu livro *Os campeões de Recursos Humanos: inovando para obter os melhores resultados* foi publicado pela primeira vez em 1997 nos Estados Unidos –, o próprio guru já atribui um novo *status* ao líder de RH nas empresas, o que exige um olhar mais abrangente de fora para dentro. Para Ulrich, que já trabalhou com mais de 100 das 200 maiores empresas do mundo, o RH de fora para dentro olha para o mundo externo, para o contexto no qual o negócio está inserido; para clientes, investidores e comunidade e tenta desenhar práticas de RH que respondam às condições externas. Em resumo, "o RH estratégico é como um espelho em que as práticas de RH refletem o negócio. O RH que parte de fora é como uma janela através da qual nós vemos o mundo externo".[7]

7. ABDALLAH, Ariane. "O RH vai deixar de ser um espelho da empresa e se tornará uma janela para fora". *Época Negócios*. Disponível em: <https://epocanegocios.globo.com/Inspiracao/Carreira/noticia/2014/08/o-rh-vai-deixar-de-ser-um-espelho-da-empresa-e-se-tornar-uma-janela-para-fora.html>. Acessado em 12 de março de 2018.

Ao assumir uma postura mais holística, esse profissional não só perde de vez o papel secundário que lhe foi atribuído por anos nas organizações como passa a ser cotado para assumir o topo. "O CHRO é o líder que vai ser presidente de empresa, porque o maior desafio do mundo hoje são as pessoas", diz Vicky Bloch. "Todos os desafios do mundo hoje se voltam para o ser humano, e o líder de Recursos Humanos é o agente capaz de fazer essa interpretação."

Pode ser verdade, sim, mas antes é preciso dominar algumas funções básicas. "O caminho para se tornar CEO tem sido liderar as áreas de Operação, Marketing e Finanças. Então, acredito que, quando os profissionais de RH dominarem o básico dessas áreas, estarão mais preparados para assumir o papel de presidente de uma empresa. Porque sua parte, de gestão de pessoas e da estrutura organizacional, tem mostrado desafios cada vez mais relevantes para o sucesso dos negócios", disse Ulrich em 2014, quando questionado sobre a possiblidade de líderes de Recursos Humanos se tornarem CEOs.

Alguns executivos citados neste livro teriam condições – segundo especialistas do mercado – de assumir a posição de CEO. Parte deles quer e já está se planejando para isso. Outra parte, no entanto, acredita que seu poder de transformação é muito maior e muito mais impactante na cadeira do RH. "Há uma beleza na área de Recursos Humanos que deixa de existir quando você exerce a função de presidente", diz Alessandro Bonorino, vice-presidente de Recursos Humanos da BRF, uma das maiores companhias de alimentos do mundo. "No RH, eu sinto que posso provocar discussões com mais liberdade do que se fosse um CEO, pois estou menos preso ao imediatismo. Eu nunca quis ser CEO justamente porque não quero abrir mão dessa liberdade, não quero viver a cadência do trimestre."

Theunis Marinho, o personagem que abriu esta Introdução, chegou ao topo e se consagrou como um dos primeiros profissionais de Recursos Humanos a assumir o cargo de presidente, na Bayer Polímeros. De lá para cá, pouquíssimos profissionais oriundos do RH alcançaram essa posição – um pouco por falta de vontade, mas principalmente por falta de perspectiva. A história futura promete ser diferente. De todas as áreas das empresas, das clássicas às novas, a de Recursos Humanos foi – sem dúvida – a que mais precisou se reinventar para acompanhar a velocidade das mudanças do mundo e dos negócios. Aqueles que acompanharam tudo isso estão surfando a boa onda. Gente não vai deixar de ser importante. Portanto, cada vez mais o RH não só não vai desaparecer como vai representar a voz, o pulso e o coração da empresa.

AS VOZES DO RH

Os personagens escolhidos para compor as vozes deste livro foram selecionados a partir de centenas de entrevistas feitas ao longo dos meus 17 anos como jornalista especializada em gestão de pessoas com os mais respeitados consultores e *headhunters* do país, além de presidentes de empresas e dos próprios profissionais de RH. Para este livro especificamente, perguntei a mais de 20 recrutadores de executivos e consultores quem seriam, na opinião deles, os profissionais de Recursos Humanos mais influentes do Brasil – não somente da atualidade, mas dos últimos 30 anos, período de grande transformação da área. Por "influência" entenda-se o impacto provocado nos negócios e nas pessoas, que é o que se espera do líder de Recursos Humanos. Os 14 nomes que aparecem ao longo das próximas páginas foram os mais citados por esses especialistas que não só apontaram seus indicados como explicaram os motivos pelos quais os elegeriam para seu time de craques.

Vários desses personagens já haviam também sido premiados como referências em seus setores por revistas e entidades especializadas. Em 2007, por exemplo, Felipe Westin e João Dornellas foram os executivos de Recursos Humanos mais votados numa pesquisa feita pela então recém-lançada revista *Você RH* para identificar os líderes de pessoas mais influentes daquele momento. Foram exemplos de profissionais que desenvolveram a capacidade de prever as possíveis derrapadas do negócio e orientar a empresa a tomar o rumo certo, olhando sempre para as pessoas.

Guilherme Rhinow, por sua vez, foi o único executivo eleito todos os anos pelo Prêmio Você RH, seleção dos melhores líderes de gestão de pessoas do país feita pela mesma revista entre os anos 2009 e 2015.

Rhinow se destaca pelo seu conhecimento profundo da teoria, pela forma como aplicou esse conhecimento nas empresas pelas quais passou e pela sua consistência na trajetória profissional.

Todos os outros nomes subiram ao palco algumas vezes para receber algum título, menção honrosa ou destaque na carreira. Lilian Guimarães, embora longe da cadeira executiva há mais de dois anos, ainda é referência nos perfis de *executive search* quando se busca um líder de RH sofisticado e parceiro do negócio.

Glaucimar Peticov, outra profissional que trilhou carreira na área financeira, é a grande mentora da UniBrad, eleita a melhor universidade corporativa do mundo, e um símbolo no meio quando se pensa em educação e desenvolvimento de profissionais no Brasil.

Marcelo Williams foi o nome que apareceu espontaneamente entre os *headhunters* de maior peso do país como exemplo de profissional que soube conduzir – na melhor escola da época, a Unilever – a transformação do RH que busco descrever aqui. Foram horas de entrevista em seu apartamento, que renderam um dos depoimentos mais sinceros e provocativos deste livro.

Marcelo Nóbrega foi citado várias vezes pela sua postura crítica e franca sobre a área de RH. Sua história ajuda a compreender o momento em que as empresas buscam desesperadamente por nomes "fora da caixa" para assumir a liderança de Recursos Humanos, numa tentativa de elevar a área a um patamar mais estratégico. Sua resistência em migrar de função ajuda também a entender a imagem que o RH tinha entre os executivos com outras formações no passado.

Alessandra Ginante, desde seu período da Philips, vem despontando no mercado como executiva capaz de traduzir da melhor forma a união entre o lado *business* e o lado *people*. De Norwalk, nos Estados Unidos, ela me atendeu em dois sábados para contar – com emoção e muito embasamento – não só sua trajetória, mas sua visão sobre a área e os profissionais de RH. Sua postura crítica àqueles que adoram apontar os problemas do RH chama atenção: "O operacional, sim, deve ser também estratégico". Um recado aos executivos de gabinete que não querem discutir o plano de saúde ou o tíquete refeição por acharem que isso é assunto "menor".

O mineiro Marcelo Arantes – atuante hoje numa empresa cuja reputação ficou arranhada com o envolvimento da Odebrecht nos escândalos de corrupção no país – é, acima de tudo, apontado como um profissional que entende de cultura e propósito. Leal ao seu projeto de vida e ao projeto de futuro da Braskem, tem na sua trajetória passagens em que a resiliência foi testada e a capacidade de superação colocada à prova. O RH pede por profissionais que entendam de riscos, e Marcelo Arantes sabe bem o que isso significa.

Alessandro Bonorino, o eterno garoto prodígio da IBM, me recebeu nos seus primeiros dias de BRF. Nome forte entre os *headhunters* e consultores entrevistados e pesquisados, Bonorino traçou uma trajetória inquestionável de sucesso e acumulou repertório e experiência para liderar qualquer área. Mas foi no RH que sempre encontrou o terreno para fazer a revolução na vida das pessoas e dos negócios. É dele a visão mais pragmática da área no futuro e a mais próxima do que se busca hoje.

José Renato Domingues, uma unanimidade entre todos os entrevistados, poderia ser denominado como "o cara". Do mundo da consultoria para o mundo do RH, ele une a simplicidade tão necessária nesta realidade complexa que vivemos à consistência de sua formação e experiência. Curioso e humilde na medida certa, transita bem na arena política e sabe que o coração dos negócios passa pelo coração das pessoas.

Antonio Salvador, o talento da Tijuca, foi um dos primeiros a serem referenciados para este livro quando comecei minha apuração. "Se tem alguém preparado para assumir a cadeira do CEO vindo do RH, esse alguém é o Salvador", me disseram. Seus saltos de carreira – em indústrias diferentes – lhe deram não só chancelas para seguir nessa trajetória, mas uma base sólida para propor inovações na área de Recursos Humanos e em tudo o que impacta os negócios.

Carlos Alberto Griner me recebeu por duas vezes antes ainda de deixar a Suzano para assumir a liderança de RH na Embraer. Um incentivador de potenciais talentos e agregador de times, Griner entrou também para essa seleção de RH pela sua enorme influência nos negócios pelos quais passou. Como executivo da GE, outra referência em modelos de gestão de pessoas que até hoje são copiados, acumulou incontáveis exemplos de como unir o interesse dos negócios ao interesse das equipes. As melhores ilustrações desse casamento perfeito vêm da sua passagem pelo México e da construção da fábrica da Suzano em Imperatriz, no Maranhão.

Wagner Brunini, o mais experiente de todos, abriu seu coração num café e contou como o tal RH estratégico influenciou não só sua vida, mas toda uma geração de profissionais. Dono de uma das histórias mais conhecidas do RH brasileiro, Brunini foi um nome importantíssimo num país que começava a desenvolver seus times e capacitar seus líderes. Era o início da sofisticação do RH. Ele fecha o livro, mas não encerra a história. Alerta os novos profissionais que é preciso voltar ao básico para seguir sendo estratégico. E o mais importante: "Faça o simples, não complique. Nós, do RH, costumamos complicar demais tudo. O segredo está nas práticas simples".

Em comum, todos esses profissionais tiveram em algum momento líderes que os inspiraram, gratidão a algumas pessoas vitais em suas caminhadas, o apoio fundamental do CEO, projetos desafiadores e aprendizados com algumas derrapadas. Em comum também, todos são avessos aos modismos que imperam na área de gestão de pessoas, buscando imprimir suas marcas a práticas genuínas que combinem com a cultura da empresa e o momento do negócio.

Podemos dizer que a trajetória desses executivos e executivas fortaleceu a imagem da área, influenciando outras gerações que já estão no mercado de trabalho e abrindo caminho para uma nova geração de profissionais de RH que ainda está por vir.

1

ALESSANDRA GINANTE

Vice-presidente executiva de Recursos Humanos da Diageo

Alessandra nasceu, estudou, cursou Análise de Sistemas e começou a carreira em São Paulo, mas nunca quis ficar a vida inteira na mesma cidade. Por isso, investiu no estudo do inglês e, logo que surgiu a oportunidade, trocou o emprego no Banco de Crédito Nacional pela multinacional Volkswagen, onde passaria a atuar como analista de RH sênior. De lá, foi para a Philips, onde consolidou sua carreira e alçou voo internacional. Pela multinacional holandesa, fez um MBA Executivo pela FGV/EASP, foi expatriada para Eindhoven, na Holanda, e, posteriormente, Boston, nos Estados Unidos. Retornou ao Brasil em 2010, como vice-presidente para a América Latina. Em 2013, assumiu o cargo de VP de RH Brasil na Avon, sendo promovida dois anos depois a VP de RH para a América do Sul. Durante seu ciclo na empresa de cosméticos, também atuou como presidente do Instituto Avon Brasil e envolveu-se em diversos projetos voltados para a promoção da equidade de gênero. Atraída por mais uma oportunidade internacional, aceitou, em 2016, o convite para assumir a vice-presidência executiva de Recursos Humanos da empresa de bebidas Diageo, em Norwalk, nos Estados Unidos, onde está até hoje. Além de diplomas em instituições internacionais de peso, como a Wharton Business School e a Universidade de Michigan, acumula diversos prêmios de reconhecimento por seu trabalho como profissional de RH.

Acho que a maioria de nós não pensou em ser RH. Essa ainda não é uma área de escolha dos *top talents.* Na verdade, eu queria ser dentista. Fiz um curso de prótese dentária no colegial. Descobri que gosto de pessoas, mas não por dentro. Acabei prestando vestibular para Direito e Análise de Sistemas. Achei que, em Direito, sempre teria mais gente do que emprego e, por esse motivo, acabei indo para Análise de Sistemas.

Vim de uma família de classe média baixa. Estudei em escola pública. Nem prestei vestibular na USP, por exemplo, pois esse era um mundo muito distante da minha realidade. Mas tive pais que sempre me apoiaram, e isso faz diferença na sua base. Tudo o que eu precisei, eles me deram. Meu pai teve uma imobiliária, e sua clientela era formada pela classe média. Por lá passavam pessoas que tinham um nível melhor do que o nosso. Numa dessas conversas com clientes, meu pai comentou que tinha uma filha que estava querendo trabalhar. Foi dessa maneira, por indicação, que fui fazer entrevista no BCN – Banco de Crédito Nacional. Até então, nunca tinha visto um computador na minha frente e não falava uma palavra em inglês. Depois da entrevista, recebi um "não" do banco, mas o amigo do meu pai deu um empurrão, abrindo o caminho, e eu ganhei a vaga. Foi a única vez que isso aconteceu na minha vida. Ele me disse: "Eu ajudei; agora, é com você".

Entrei como assistente administrativa dentro da área de Benefícios, ou seja, dentro do RH. Depois de dois anos, fui promovida três vezes – sempre em Folha de Pagamento e Benefícios. Desenvolvia projetos de tecnologia para a área de Recursos Humanos, mas esse era um emprego para pagar a faculdade; afinal, eu fazia curso de Tecnologia. Até que apareceu uma oportunidade na área de Informática e eu fui. Três meses depois, pedi para voltar; agora, como gerente de Benefícios. Fiquei seis anos no BCN, até que o banco foi vendido.

Sempre tive o sonho de morar no exterior e, por esse motivo, comecei a procurar emprego em multinacionais. Pela Catho, empresa de internet de classificados de empregos, descobri uma vaga na Volkswagen.

O programa de *trainees* da Volkswagen permitia que eu ficasse no RH, rodando as várias funções da área. Lá, estavam começando a falar de planejamento de carreira e sucessão – eu não tinha ideia do que era isso. Usava o meu pouco inglês (que estava aprendendo) para ler os materiais que vinham de fora sobre o tema. Nessa época, o RH ainda era um grande DP.

A crítica do RH

As pessoas adoram falar que o RH é fraco. Eu odeio essa afirmação. Nunca senti isso em relação a mim. Meu desafio às vezes era puxar o time para me acompanhar. O grande problema é que temos muitas pessoas trabalhando em Recursos Humanos que não têm afinidade com isso e ficam se dividindo dentro do estereótipo: lado humano × interesse em resultados. A área evolui à medida que o líder da área evolui. A mudança da área passa necessariamente pela mudança de postura do líder. O RH foi avançando conforme a capacidade dos seus líderes.

Na Volks, por exemplo, éramos muitos funcionários. Um quadro de 30 mil pessoas, aproximadamente. Àquela época, as quatro montadoras eram as maiores empregadoras do Brasil. Como gerenciar tudo isso? O que era ser estratégico naquele negócio, naquele contexto? O fechamento de uma fábrica significa muitas vezes um custo maior do que mantê-la ociosa. O Fernando Perez, diretor de RH da Volkswagen à época, deu ao negócio o RH que o negócio precisava.

A melhor escola de carreira

Trabalhei na Volkswagen de 1998 a 2000. Ali, tive até uma oportunidade para ir para o exterior, mas a proposta era ir como estagiária, e naquela altura isso não fazia sentido. Além disso, a distância entre a minha casa e a empresa era um problema. Precisava fazer todos os dias o caminho de Barueri (onde morava) até São Bernardo do Campo (onde fica a Volkswagen). Resolvi perseguir meu sonho de ir para fora e, na Philips, tive a melhor escola de carreira da minha vida. De tudo o que eu já vivi, a Philips foi, sem dúvida, a melhor empresa.

Encontrei a vaga num anúncio de jornal e fui selecionada. Entrei na Philips em Learning. Já de cara encontrei uma empresa com zero hierarquia. Imagina a diferença de sair de uma empresa alemã, com hierarquia forte, para uma holandesa com zero hierarquia? No começo, achei péssimo. É tão melhor quando tem alguém que diz o que você deve fazer! Que chefe era aquele que perguntava o que eu achava que deveria fazer? Não entendia essa maneira de trabalhar.

Na Philips, o sarrafo era muito mais alto. Trabalhávamos a sucessão de líderes e pensávamos o plano de sucessão para dali a dois, três anos. O RH estratégico não deve olhar para as pessoas, apenas. Não adianta você contratar um Einstein para colocá-lo numa função idiota. A orientação para resultado do RH era enorme. Todos queriam saber como medir resultado – não por falta de crença no RH, mas para melhorar o processo mesmo, para sustentar o negócio.

No geral, a maturidade de processos de RH era enorme. Queríamos a excelência no departamento. Havia outra área, de Business Excellence, para a qual ninguém do RH ia. Ninguém achava que era uma área importante. Decidi ir. Era a oportunidade de adquirir uma habilidade que ninguém tinha. Quais eram os objetivos desse departamento? Melhoria contínua; aumentar o potencial dos funcionários. Fiquei três anos ali, e para mim foi muito produtivo. Essa experiência serviu para agregar valor à minha trajetória profissional.

Depois dessa experiência, quis voltar para o RH. A Philips patrocinava um programa de MBA em que, no segundo ano do curso, você iria para o exterior. Vi nisso a oportunidade não só de crescer, mas de realizar o sonho de ir para fora. Eu era muito ansiosa. Via oportunidades e ia atrás. Havia quatro vagas no programa, e eu passei. Fiquei mais um ano em Business Excellence e, no segundo ano do curso, conforme previsto, fui para Chicago. O meu plano havia dado certo. Fiquei oito meses lá, apenas estudando.

Voltei para o Brasil e, quatro meses depois, recebi uma ligação do CHRO da Holanda me convidando a ir para lá. O projeto era mapear as posições-chave, identificar os perfis dos profissionais, os clientes da nossa indústria e os concorrentes. Entre 2005 e 2008, eu já era diretora de RH da Philips. Até hoje, nunca mudei de cargo horizontalmente. Depois desse período, fui para os Estados Unidos – aí como diretora executiva. Fui para lá porque a Philips tinha comprado uma empresa e meu nome fora apontado como alguém que poderia fazer uma integração bem-feita – alguém que iria integrar para preservar o valor do negócio.

O operacional é estratégico

Se o RH não for estratégico numa integração, ela não acontece. E vale dizer que o estratégico é tudo. O operacional é fundamental para que tudo funcione. Essa coisa de repartir o RH entre uma coisa e outra não existe. A gente tem de acumular. Acabou a era do um OU outro. Agora é um E outro. Precisamos falar de gente, de números, de métricas, liderança e plano de saúde também. Se tem um líder de RH que não gosta de falar de plano médico, horistas etc., como ele faz uma integração? É preciso olhar tudo – de A a Z. Se você não tiver a parte operacional bem executada, corre o risco de destruir o valor do negócio. Se o seu plano médico não funcionar ou não for adequado, você pode perder talentos. Estratégico é aquilo que você precisa fazer para o negócio ter sucesso. E isso é tudo!

Nós, como RH, temos de saber de absolutamente tudo. E muitas dessas coisas, somente nós sabemos. O profissional de RH que sabe por último é porque é incompetente – a culpa não é da área. Não vem com essa de que não temos espaço. Temos espaço. O que falta são pessoas para assumir esse espaço. Há temas sigilosos a que nós precisamos ter acesso – e a empresa não consegue andar se não contar conosco nesses temas. Como *head* global de talentos, por exemplo, muitas vezes fui com o CEO global fazer a leitura da cultura dos países e entender como você vai mover as pessoas para serem felizes. Se você vai pular para fora do quadrado, tem que ter coragem.

A maior parte dos meus anos profissionais foi na Philips, e lá me ofereceram para ir para a área Comercial. Recusei. Eu poderia trazer resultados por meio das pessoas. É nisso que eu acredito. Ao olhar para as pessoas e gerar engajamento, gero resultado para o negócio. O RH que olha só para números, e não para pessoas, veio de uma escola que, para mim, não se sustenta. O RH deve ter uma mistura de Psicologia, Sociologia, Antropologia e Finanças. É preciso, sim, olhar para as pessoas, olhar para a cultura. Se você olhar só o resultado, não sai da sua zona de conforto. É mais garantido falar só de números. O profissional de RH precisa entender que nosso objetivo é gerar resultados para o negócio, pois esse é o meio de melhorar a vida das pessoas. Quanto mais dinheiro eu conseguir gerar, mais investimentos eu terei para tornar melhor a vida das pessoas. Acho que, cada vez que alguém olha para um bom líder de RH e sugere que ele saia do RH, essa pessoa está exercendo seu preconceito contra a área.

Marca e volume

Cuidei da integração da Philips nos Estados Unidos até que minha mãe ficou doente e eu voltei para o Brasil. Vim como vice-presidente de Recursos Humanos para a América Latina, mas cheguei aqui num momento oposto ao que vivia lá.

Aqui, a Philips iria começar a se desfazer de seu negócio de televisores e focar no negócio de *Health Care*. Isso significava enxugar a operação e transferir funcionários. Entre 2010 e 2012, vivemos essa mudança de portfólio da empresa, passando por várias vendas, reduzindo de tamanho na América Latina. A Philips foi deixando de ser uma empresa B2C, voltada para o consumidor final, para se tornar uma empresa B2B, voltada para o cliente corporativo, e eu senti que era hora de sair.

Nesse momento, surgiu a oportunidade na Avon, uma empresa grande, de volume e de marca, algo que eu gosto. Acredito que empresas que têm marcas investem mais em recursos humanos, pois estão mais expostas ao mercado, têm maior visibilidade e sabem quanto as pessoas vão impactar sua reputação. A Philips tinha sua divisão de consumo, mas acabou se tornando mesmo uma empresa B2B, onde o mais importante é a qualidade, não a marca.

Ao mesmo tempo, ao olhar para o meu planejamento de carreira, a Avon me possibilitava aprender algo novo e que poucos fazem: a venda direta. Isso me traria mais credencial, aumentaria minha empregabilidade e ainda aceleraria meu crescimento. Essa atração pelo novo, pelo pioneirismo, sempre foi um traço da minha personalidade. Procurei sempre fazer coisas que ninguém faz e trabalhar em diferentes modelos de negócio.

Na Avon, tive dois cargos. Primeiro, VP de RH Brasil; depois, VP de RH para a América Latina. Além do negócio diferente, pude me voltar para um lado social forte, de empoderamento da mulher. Antes da Avon, eu achava que falar de equidade de gênero era legislar em causa própria.

Com o Instituto Avon, mudei meu pensamento. Foi uma experiência muita bacana e muito enriquecedora. Tive autonomia e investimento para reformular o RH. Introduzi a cultura de desempenho, mostrando que é possível diferenciar os talentos dos demais; mudamos a barra de contratação e a calibração. A liderança passou a assumir a contratação. Era uma empresa antiga, com processos antigos, e conseguimos fazer bastante coisa. Nessa época, começamos a ganhar prêmios externos.

Quando minha mãe faleceu, eu já estava querendo sair do Brasil novamente. Na própria Avon havia a possibilidade de ir para Londres, mas eu estava no melhor cargo da Avon naquele momento. A América Latina era muito empoderada, então eu não via sentido em ir para fora pela Avon. Nisso, um *headhunter* da Inglaterra estava procurando alguém para uma posição na Diageo e chegou ao meu nome. Em princípio, eu trabalharia em Londres, mas acabei indo para Stamford, nos Estados Unidos.

O RH de fora

Vim para ficar; mais do que isso, vim para ser feliz. Apesar de já ter trabalhado nos Estados Unidos, conseguir o visto de trabalho aqui é superdifícil. Quando comecei a buscar algo fora do Brasil, pensei primeiro na Europa, pois tenho passaporte italiano. Precisei procurar material sobre mim, tudo o que havia sido publicado a meu respeito em todos os lugares. Isso foi desafiador, pois eu não tinha guardado nada. Minha mãe havia falecido em novembro de 2015, e, desde então, ainda não tinha tido coragem de abrir seu closet. Até que em abril de 2016 decidi fazer isso. Quando entrei no closet, avistei uma caixa grande e lá tinha absolutamente tudo sobre minha vida, minha carreira. Ela havia guardado tudo! Foi como se eu tivesse fechado meu ciclo no Brasil.

Acredito também em sorte e na fé para sua vida seguir alguns caminhos. Entrei na Diageo em setembro de 2016, quando comecei uma nova etapa da minha vida. Percebo que aqui o RH não está tão diferente do que prevalece no Brasil. Os candidatos não são melhores do que os brasileiros. Em termos de influência no negócio, acho que estamos bem, mas vejo um sério problema nos fundamentos de RH. De novo, a história do operacional que ficou de lado – como se fosse "menos" RH.

Acredito que a área avançou muito, mas que precisamos restaurar os fundamentos de Recursos Humanos. Insisto que o operacional tem que rodar, pois, se isso não funciona, você não pode dizer que é estratégico. É preciso também ter uma postura forte quanto à liderança, investir o tempo da liderança em gente, fazer planejamento de sucessão. O RH tem de cuidar das pessoas e do trabalho que elas fazem. Quando você melhora a maneira de trabalhar e promove o engajamento, você ganha produtividade.

Outro ponto de alerta para os profissionais de Recursos Humanos está na formação. Em geral, as pessoas estudam pouco, até mesmo os *top executives*. Estou fazendo um Ph. D. aqui e, após os 50 anos, pretendo investir mais tempo ainda na área acadêmica; sinto falta disso no mundo corporativo. E sinto falta disso especialmente entre os profissionais de Recursos Humanos.

2

ALESSANDRO BONORINO

Vice-presidente global de Gente da BRF

Desde agosto de 2017 na posição de vice-presidente global de Gente na BRF, o carioca Alessandro Bonorino passou quase 20 anos da carreira na gigante de tecnologia IBM. Graduado em Economia pela Universidade Federal do Rio de Janeiro, pensava em atuar na área financeira, mas enxergou na Gestão de Pessoas a possibilidade de transformar os negócios, construindo uma carreira sólida como RH. Pela IBM, morou em três países, além do Brasil: Estados Unidos, para onde foi expatriado como gerente de RH na divisão de serviços para a América Latina; Argentina, quando assumiu a diretoria de RH para países de língua espanhola na América do Sul; e, por último, China, onde assumiu a vice-presidência mundial de Recrutamento e Aquisição de Talentos. Transformação organizacional, desenvolvimento de time e inovação na gestão são três fatores que sempre motivaram sua carreira e que o atraíram para a BRF, uma das maiores empresas mundiais do ramo alimentício. Na sua jornada, também constam duas rápidas passagens: uma pela farmacêutica GlaxoSmithKline e outra pela empresa de auditoria KPMG, onde participou do programa de *trainees*. A pós-graduação no Programa de Desenvolvimento

Gerencial pela PDG (adquirida, mais tarde, pelo Ibmec) e o MBA Executivo em Administração pela Fundação Dom Cabral complementam a sua formação.

Nunca imaginei trabalhar na área de Recursos Humanos. Fiz faculdade na década de 1980, quando a economia era pauta todos os dias. Vivíamos uma inflação altíssima, e, ao escolher o curso, eu pensava mesmo que poderia – de algum jeito – melhorar o mundo, mudar meu país. Naquela época, você escolhia o curso olhando muito para as oportunidades no mercado de trabalho. A formação era algo que impactava na carreira. Entender de economia e finanças, portanto, era um diferencial naquele momento. Eu também pensava em seguir, talvez, a carreira acadêmica, e alguns amigos diziam que eu seria político. O que eu tinha certeza é que não iria para o setor público.

Meu primeiro estágio foi na CNI (Confederação Nacional da Indústria); depois fui para a KPMG, como *trainee*, onde trabalhei na área de Auditoria. Eu queria entrar na área de Consultoria, mas a porta que se abriu foi a de Auditoria. Fiquei um tempo curto na KPMG, pois já estava de olho na IBM.

A IBM sempre me passou a imagem de empresa séria, ética, capaz de mudar o mundo. E foi para lá que eu fui. Não importava, portanto, a área em que iria cair. Estar na IBM era o que importava. Fui selecionado para Recursos Humanos. Eu tinha uns 23 anos, e eles buscavam um jovem profissional com conhecimento em finanças para trabalhar na área. Era 1993, e a IBM queria alguém mais voltado para números a fim de trabalhar na parte de remuneração.

A minha visão da área de Recursos Humanos quando entrei na IBM era como a de qualquer outra pessoa no início da década de 1990: um lugar totalmente operacional. Eu pensava comigo mesmo: "Não estudei para fazer rotinas operacionais". A minha ideia era entrar no RH e depois sair, ir para outra área. Mas percebi que tinha uma visão errada do que era RH já naquela época. Ao menos da área de Recursos Humanos da IBM. Lá, tudo já era mais sofisticado, e eu fui gostando. A IBM teve um papel muito importante ao me mostrar o RH do futuro, desde aquela época. Nós já discutíamos mundo e futuro, e o RH tinha um peso diferente na estrutura corporativa: era uma espécie de área rotacional para alguém que vinha de Negócios. Tanto é que nunca nenhuma pessoa oriunda do Departamento de Pessoal (ou do RH mesmo) havia chegado ao cargo de diretor. Era sempre alguém de outra área que assumia.

Comecei a me apaixonar pelas discussões de mundo e futuro e percebi que naquela área eu poderia mudar várias coisas. Chegava a brincar com o pessoal de Finanças e de Negócios, dizendo: "Achava que Finanças era complexo, mas percebo agora que é muito fácil. Você precisa apenas saber se é caro, barato e medir o retorno. RH, sim, é complexo e sofisticado. Não dá para você achar a solução de um problema com duas respostas". Claramente, percebi que aquela seria a área do futuro e a que iria se transformar muito nos próximos anos.

Quando Louis Gerstner, CEO da IBM à época (Gerstner foi o CEO da IBM entre 1992 e 2003 e ficou conhecido por ter liderado um dos maiores *turnarounds* da história do mundo dos negócios e ter salvo a IBM de um desastre financeiro), assumiu o cargo, implementou uma série de mudanças, a começar pela cultura organizacional da empresa. Mas o time de RH não queria mudanças. Havia uma enorme resistência a fazer algo diferente, pois acreditavam que até então tudo tinha dado certo. Eu me sentia diferente da comunidade de Recursos

Humanos. Na própria área, havia a turma dos que falavam "Esse garoto vai longe, pois está entendendo o futuro" e os que diziam que eu não poderia estar na área de RH, que deveria ir para Negócios. Para mim, tudo estava junto. Esse paradoxo no RH me intrigava. Ao mesmo tempo que éramos os porta-vozes da mudança, havia a turma mediana que queria manter tudo como estava, em nome dos êxitos do passado.

Desafios em RH

Não apenas nessa época, mas até hoje, vejo três grandes desafios para a área de Recursos Humanos superar:

1. Ser resistente a mudanças, quando deveria ser seu facilitador.
2. Entender que o RH é também uma área técnica. Muitas vezes, o profissional de Recursos Humanos confia apenas na experiência e no bom senso dos outros. Isso não é suficiente. RH gosta de novidade, mas não de profundidade. Todo mundo gostar de uma nova ferramenta ou prática não significa que ela trouxe ou trará resultados.
3. Se apaixonar pelos meios (pelo caminho, pelo processo) e não pelo fim (pelo resultado em si).

Eu também já me apaixonei muito pelos meios, mas queria ver resultados. Hoje, além de ser autoral, ou seja, de imprimir minha marca, meu estilo, sou mais orgulhoso dos resultados que trazemos do que do produto ou processo que criamos. Existe ainda muita gente importando "meios" de outras empresas. Havia pessoas preocupadas que eu "trouxesse a IBM" para cá. Não tenho a menor intenção de "ibeemizar" a BRF. Veja, por exemplo, toda essa onda de eliminar a curva forçada, de acabar com alguns processos da avaliação de desempenho para trazer mais harmonia. Nem sempre uma organização mais harmoniosa é mais produtiva.

O RH precisa aprender melhor com os desacordos que existem numa organização. Vejo que a área, pelo papel conciliador que exerce, está muito preocupada em chegar a um consenso nas decisões, mesmo que esse consenso não traga resultado algum para a companhia. Os profissionais de Recursos Humanos são, sim (ainda), os apaziguadores e devem ser os facilitadores, mas para atingir um objetivo positivo, e não pela simples harmonia entre os líderes. Não adianta absolutamente nada você chegar a um acordo e não resolver o problema.

Fome de melancia

Vivi toda a fase de transformação intensa da IBM e aprendi muito com as mudanças. Ganhei experiência e visibilidade. Cheguei a apresentar resultados ao Comitê Executivo com 25 anos de idade. Percebi que, se estivesse num ambiente estável, eu cresceria muito menos. Ainda assim, a IBM era muito hierarquizada, e eu tinha uma agressividade muito forte para subir na carreira. Eu falava isso internamente, mas, para os padrões da IBM naquela época, eu era muito jovem para galgar mais posições. Me pediam calma. Já estava havia quatro anos na empresa quando um *headhunter* me ligou. A vaga era de gerente de Remuneração na farmacêutica GlaxoSmithKline. O convite aguçou minha ambição, e eu aceitei. Tentaram me segurar na IBM – até o presidente veio falar comigo. Os líderes das áreas de Negócio me chamaram para migrar de área, para trabalhar com eles. Mas eu queria o RH. Eu queria ser diretor de RH; se não fosse lá, seria em outro lugar. A essa altura, me ofereceram a gerência de uma subsidiária, mas a minha decisão já estava tomada. Eu tinha fome de melancia, e eles iam me alimentando com maçãs e bananas. A Glaxo me ofereceu um melão, e agora a IBM queria me dar uma melancia. O *timing* foi errado. Para mim, eles estavam muito preocupados em regular minha velocidade. Eu era maduro para a idade, mas também arrogante.

Durante um bom tempo, a IBM ficou me assediando. Eu pensava num plano de carreira diferente para a minha vida. Estava certo de que queria ser diretor de Recursos Humanos, e, na IBM, nunca alguém do próprio RH tinha assumido a liderança dessa área. Os meus planos, portanto, não batiam com o planejamento até então seguido pela empresa. O RH ainda era visto como área de suporte, e me diziam o tempo todo para eu ir para o *business*. Que o meu perfil não era de RH, e sim de Negócios. Mas eu tinha resistência. Eu via o RH dentro do Negócio e queria seguir na área. A IBM era uma empresa de engenheiros, e o fato de eu saber falar de números fez a diferença em todos os lugares. Uma vez, fui à fábrica explicar o porquê do aumento salarial de apenas 2% do orçamento. Os engenheiros estavam prontos para me bater. Quando expliquei com dados, fatos e estatísticas, todos entenderam. Percebi que o fato de o RH não falar de negócios e números desqualificava a área internamente também. Por isso, eles me achavam diferente e acreditavam que o meu lugar era fora do RH.

Perfil de CEO

Acredito que hoje o perfil do líder de Recursos Humanos é o mais parecido de todos com o perfil de um CEO, pois você precisa desenvolver um equilíbrio de papéis: comunicação e marketing, entender de impactos financeiros, mais todas as funções de RH (seleção, recrutamento). Há uma complexidade de competências que um CFO não necessita ter. Um CFO, por exemplo, não precisa saber de marketing. O RH precisa. Hoje, a área de pessoas exige profissionais com profundo conhecimento de gente e uma visão generalista bem aguçada.

Apesar desse perfil de CEO, o RH não é um celeiro de futuros presidentes de empresa. Primeiro, porque esse perfil complexo ainda não é comum nas áreas de Gestão de Pessoas (são poucos os líderes de Recursos Humanos que têm clareza quanto a essas habilidades);

segundo, porque o RH tem uma beleza que deixa de existir quando você exerce a função de presidente – o que faz com que se afastem do topo mesmo os profissionais com perfil para assumir essa função. Mais ou menos o que eu sentia quando me puxavam para as ditas áreas de Negócio. No RH, sinto que posso provocar discussões com mais liberdade do que se fosse um CEO, e posso pensar no longo prazo. Às vezes, o CEO precisa entregar resultados no curto prazo. O CHRO está menos preso ao imediatismo. Eu nunca quis ser CEO justamente porque não quero abrir mão dessa liberdade, não quero viver a cadência do trimestre.

O bom filho à casa torna

A IBM quis me levar de volta. E, nesse curto período na Glaxo (fiquei um ano lá), nomearam para a diretoria de RH na IBM uma pessoa que fez carreira na área, a Carmen Peres. Assim que ela assumiu, avisou ao diretor de Recursos Humanos da Glaxo que iria me levar de volta. Iria desenhar um plano de carreira para mim, incluindo experiência internacional e diretoria. Eu fui plenamente transparente com o diretor de RH da Glaxo, a quem agradeço muito. Ele me disse que não tinha como fazer a mesma oferta da IBM e que entenderia se eu quisesse voltar. Voltei para lá em 1998 e só saí em 2017, quase 20 anos depois.

Desde essa época até agora, fui ganhando muitas melancias. Três anos depois do meu retorno, fui para Miami, nos Estados Unidos. Lá, eu era gerente de RH da América Latina para a divisão de Serviços. Um ano depois, acumulei outra função: a de diretor de RH para os países andinos. Logo depois que deixei a posição de gerente, os países andinos se juntaram à Argentina e eu me tornei diretor de RH para a América do Sul espanhola. Tinha então 32 anos e me mudei para Buenos Aires. Era um jovem carioca liderando uma operação grande na Argentina. O gerente abaixo de mim, por exemplo, tinha 35 anos só de IBM.

Aprendi a buscar mentores informalmente e a desenvolver relações fraternais com os profissionais mais experientes. Hoje, vivo o outro lado. Sou eu o experiente. Desde 2008, faço questão de ter um estagiário direto comigo. Não quero perder essa conexão com os jovens. Saio com eles, vou tomar cerveja. Tive sete estagiários na IBM desde então, reportando-se diretamente a mim. Dois deles hoje estão em Nova York e um em Cingapura. Ofereço desafios, como mandá-los falar com o presidente. Isso ajuda a lidar com a timidez, típica de todos os jovens em início de carreira, e a trabalhar a autoconfiança. Aprendo muito com eles, com o olhar diferente que trazem para as velhas situações.

Na Argentina, trabalhei de 2002 até julho de 2005. No meu retorno, aos 35 anos, assumi a diretoria de Recursos Humanos do Brasil.

Ulrich na prática

Nessa época, criamos o segundo *call center* no Brasil a prestar serviços de RH. Transferimos assim toda a parte do "tira-dúvidas do RH" para o *call center*. Ainda como gerente de Remuneração (sem conhecer nada de David Ulrich), eu já olhava para o modelo de negócios de serviços da IBM e pensava em trazer esse próprio modelo (que separava o estratégico do transacional) para a área de Recursos Humanos, com a finalidade de liberar tempo do meu time para se envolver com a parte estratégica. Depois é que fui descobrir que essa era a teoria de Ulrich. Quando conheci melhor a metodologia, refinei meu modelo, e todos os serviços de RH (as dúvidas básicas sobre bônus, plano de saúde, enfim, tudo o que tomava tempo do time) foram transferidos para um *call center* pequeno. Nada que duas telefonistas não pudessem dar conta. Era o RH Help. Com essa estrutura, o RH liberou tempo para pensar em temas estratégicos, e evoluímos em gestão de pessoas. Em 2005, por exemplo, criamos uma gerência de engajamento quando todos ainda estavam falando em clima organizacional.

Nesse período, estávamos bastante preocupados em consolidar a cultura da empresa. Estávamos crescendo muito, e 50% das pessoas eram novas na IBM. Diante dessa velocidade, precisávamos garantir a permanência da cultura da companhia e pensar a sucessão. O nosso planejamento em 2005 era pensar a IBM de 2010. Sabíamos que iria faltar gente em 2010 e sabíamos que precisávamos acelerar, contratar mais pessoas e fazer a combinação perfeita entre os de dentro e os que vinham de fora.

De 2010 a 2014, ocupei a posição de vice-presidente de Aquisição de Talentos Onboarding para a IBM. Foram dois anos em Xangai, na China, e os outros dois anos no Brasil. Na prática, era como se fosse o diretor de *supply chain* da IBM. A minha responsabilidade era achar gente no mundo inteiro, em 170 países. Eu era o responsável no mundo inteiro por entregar pessoas. Fui para Xangai pois a Ásia estava crescendo muito nesse período e me colocaram no lugar mais acelerado do planeta para achar gente. O volume era assustador. Cheguei a ter dois milhões de candidatos em um ano. Por causa desse trabalho, acabei testando produtos em beta – em desenvolvimento –, serviços e ferramentas como o recrutamento do LinkedIn, que era ainda muito incipiente.

No meu retorno, em 2012, fiquei mais dois anos nessa posição aqui no Brasil. Depois, voltei para a América Latina. Fiquei dois anos preparando a estrutura de RH para ser uma unidade independente. Em 2016, assumi um novo cargo: vice-presidente mundial de RH para a divisão de Entrega de Serviços.

Vinte anos de IBM

Trilhei, sim, uma longa carreira em uma única empresa, mas era como se eu estivesse em várias empresas diferentes. O fato é que, a cada três anos, eu pensava em sair da IBM, mas – depois da primeira saída efetiva – a empresa sempre foi muito hábil em me manter. Aprendeu a me dar as melancias. Eu tinha uma espécie de pacto com a IBM: enquanto eu fosse feliz no *job*, estava tudo bem. E era eterno enquanto eu estava feliz. Pode-se perceber que esse ciclo durava entre três e quatro anos. A cada período de três ou quatro anos, eu mudava de ciclo, de *job*. Isso tinha sido acordado lá atrás e sempre foi importante para os dois lados.

Mas, em 2017, comecei a refletir sobre os próximos ciclos. Eu não representava mais aquela jovem promessa e ainda queria muito contribuir para o meu país – aquele pensamento do Alessandro que escolheu fazer Economia. Poderia, nesse momento, com minha bagagem e experiência, ajudar muito mais uma multinacional brasileira. Isso seria construir de fato um legado. Os Estados Unidos não precisavam de mim. Diante dessa reflexão de vida e carreira, escrevi, durante uma sessão de *coaching*, uma lista das companhias nas quais me interessaria trabalhar – todas multinacionais brasileiras. Não importava o setor; eu só queria uma empresa brasileira globalizada. Antes de terminar meu processo de *coaching*, a BRF me ligou. Até agora, já visitei as fábricas e estou encantado e surpreso com o tamanho do empreendimento. No mundo todo, temos 110 mil pessoas. Há muito trabalho (e muito desafio) por vir.

O futuro da área e do profissional

Hoje, todo mundo quer ser *business partner*, a quem chamo de consultor de RH. A parte técnica do RH (que ainda é importante e onde alavanquei minha carreira) está ficando cada vez mais superficial. Claro que o BP é importante. Ele é o vendedor, o consultor das diversas disciplinas de Recursos Humanos para o negócio. O problema é entender de fato sua função e encontrar as competências necessárias nesse profissional.

Tudo o que for transacional dentro do RH vai funcionar como um "internet banking". Você fará todas as transações on-line. Tudo será trabalhado pela inteligência artificial. A área vai discutir cada vez mais como melhorar a eficiência operacional por meio das pessoas. Isso vai impactar cada vez mais no perfil do profissional. Não teremos mais aquela pessoa que parece que saiu de um escritório de processos. Precisamos ter pessoas que percebam a cultura, que saibam maximizar o potencial do time, que tenham criatividade para desenvolver uma equipe de alta performance. A maioria ainda não pensa nesses termos e está presa na parte transacional. Devemos pensar mais o RH como um *general manager* que arquiteta e planeja o todo. Claro que isso deve impactar na estrutura da área. Acredito que teremos um departamento menor, com um número reduzido de pessoas, pensando apenas nas coisas mais importantes da organização.

3

ANTONIO SALVADOR

Vice-presidente de Recursos Humanos, TI e Sustentabilidade do Grupo Pão de Açúcar

Até seus 27 anos, Antonio Salvador trabalhou nas áreas de Comunicação Interna e Externa, além de Marketing. Graduado em Comunicação Social com ênfase em Relações Públicas pela Universidade Gama Filho, o carioca deu os primeiros passos no mundo do RH na Cervejaria Brahma. Lá, entrou como coordenador de Comunicação Interna e participou de alguns processos de gerenciamento de mudança até se tornar gestor da Universidade Corporativa. A experiência em gerenciamento de mudança o levou, em 1997, para a PriceWaterhouseCoopers (PwC), consultoria por meio da qual teve contato com a empresa de engenharia Promon. Foi durante seu tempo na companhia que recebeu a oportunidade de tocar uma startup de *e-learning*, a Promon Intelligence, onde viveu todo o ciclo da empresa até seu fechamento. Em 2003, tornou-se sócio associado da IBM, trabalhando três anos em São Paulo e dois em Dallas, nos Estados Unidos. O ano de 2007 marcou sua entrada definitiva na área de Gestão de Pessoas como diretor de RH na PwC Brasil. Depois disso, passou pelo mesmo cargo na HP, empresa de tecnologia de informação, entre 2010 e 2013, até chegar à cadeira de vice-presidente de Recursos Humanos, TI e Sustentabilidade do

Grupo Pão de Açúcar. Como complemento à sua formação, buscou especializações voltadas para gestão e administração na Universidade Candido Mendes, na Fundação Getulio Vargas, no Insead e na Harvard Business School.

Comecei a trabalhar com 19 anos e, quando você conhece o mercado de trabalho, a faculdade vai perdendo a cor. Meu primeiro emprego foi como vendedor de anúncios para um jornal do interior. "Você tem um terno?", me perguntaram na entrevista. "Então, está contratado." Eu era sempre o último a ser atendido nas agências, depois de todas as mídias importantes. Mas a experiência de vendas é muito legal, porque, pelo resto da sua vida, não importa o que fizer, você sempre vai vender alguma coisa para alguém. Além disso, ensina a perder a vergonha e a lidar com a frustração. Fiquei dois anos nessa função e depois fui para o atendimento de uma agência de publicidade, onde fazia programas de comunicação. Aos 24 anos, tive o primeiro emprego numa empresa corporativa, a Atlantic, comprada pela Ipiranga anos mais tarde. Lá fui para a área de Comunicação Corporativa. Ao mesmo tempo, estava ainda com um pé na faculdade. Fui me formar apenas com 26 anos! Na Atlantic, tive o meu primeiro contato com o mundo de Recursos Humanos. Comunicação Interna, Saúde, Segurança e Meio Ambiente eram áreas com contato direto com o RH. Achei legal essa interação, mas não pensei em momento nenhum em trilhar carreira em Recursos Humanos.

Em 1994, com 27 anos, recebi pela primeira vez a ligação de um *headhunter* me convidando a participar de um processo seletivo para uma vaga de coordenador de Comunicação Interna na Brahma. Fizeram um processo de seleção maluco, em que até o Marcel Telles, presidente da empresa na época, participou.

Meu primeiro projeto foi trabalhar na comunicação para o time sobre a mudança da matriz para São Paulo. Eu, da Tijuca, seria um dos responsáveis por dar essa notícia aos funcionários. Em resumo, tinha de vender São Paulo para os cariocas, um superdesafio! Trouxemos 250 pessoas para São Paulo (eu, inclusive). No começo, foi difícil sair do Rio, que, naquela época, era um importante centro de atividades no país. Casei-me em junho e vim para cá em setembro de 1994. Depois de três anos, quando nasceu meu primeiro filho, a vida em São Paulo ficou bem melhor.

Gente e Gestão

Entre 1994 e 1995, criei o "Manual de Comunicação" e participei da mudança de nome da área: de Recursos Humanos para Gente e Gestão. Tinha tudo a ver com o conceito que a empresa queria passar. Fizemos um vídeo de lançamento com o Marcel em que ele dizia que a responsabilidade por gente é de cada gestor. Eu já fazia parte da diretoria de Gente, mas como Comunicação. Depois de quase um ano na função, o diretor de Gente se aposentou e o Marcel assumiu a área. Na verdade, ele acreditava que não precisava ter uma pessoa nessa posição. Ele, como presidente, assumiria. Passados três, seis meses, no entanto, ele percebeu que havia uma série de discussões táticas e estratégicas que demandavam, sim, alguém olhando exclusivamente para aquilo. Nesse momento, foram criadas as áreas de Gente e de Qualidade.

Outra preocupação do Marcel era a educação. Foi dele a ideia de criar uma área de Educação Corporativa. À época, a Regina Langsdorff, gerente de qualidade, acabou me convidando para essa função. Eu não entendia nada de treinamento, e fui para os Estados Unidos visitar as universidades corporativas do Citi, da Disney e da Motorola, para poder montar nosso projeto. Dali nasceu o que viria a ser Universidade Brahma. Nesse período, a formação de líderes estava ficando muito forte na empresa. Era preciso pensar programas para formar e desenvolver gerentes comerciais e de fábrica, por exemplo – um desafio enorme, pois ninguém estava acostumado com essa dinâmica. Era o nosso MBA – *Master in Brahma Administration*. Com a criação da universidade, centralizamos os treinamentos da companhia. Criamos uma metodologia para identificar as necessidades de treinamento, inspirada no modelo da montadora japonesa Toyota. Por exemplo, percebemos que algumas secretárias tinham aula de espanhol apenas para atender o telefone, enquanto alguns executivos que realmente precisavam do idioma não tinham essas aulas. Me apaixonei por essa função. Você conseguia ajudar um volume grande de pessoas. Conseguia gerar felicidade e resultados.

O RH na década de 1990

A imagem do RH nessa época ainda não era positiva. Havia uma entropia muito grande e muita segurança em repetir coisas que tinham dado certo em outros lugares, no passado. Ao mesmo tempo, a área ainda carregava um ar policialesco, mas eu não tinha preconceito nenhum. Fazia o que achava que estava certo. Na criação da Universidade Brahma, percebi que o mercado era meio "roda presa" – não tínhamos nenhuma base acadêmica para montar uma Universidade Corporativa. Fui em busca de parceiros aqui que pudessem me ajudar e tive uma dificuldade enorme. Não havia uma linguagem ágil. Fiquei dois anos nessa função. Meu último cargo na Brahma foi de coordenador de Gente e Qualidade, e nele eu atendia a região Centro-Oeste. A experiência de método começou a reposicionar a área de RH, que agregava sucesso à área Comercial.

"Ou ganha ou aprende"

Sempre compartilhei muito os valores da empresa, e o Marcel decidiu colocar um novo diretor de Gente, o Maurício Luchetti, que vinha da regional Centro-Oeste. A gente se dava superbem, mas, quando ele assumiu a diretoria de Gente, eu tive de me reportar a outro gerente, que era péssimo, mau gestor, um sujeito que se comunicava muito mal. Nesse momento, recebi uma proposta para ser consultor da PwC. A missão era fazer projetos de *change management*, comunicação, treinamento e processos para grandes empresas. Topei e hoje percebo que errei. Não por ter ido para a PwC, mas por ter saído da Brahma pelos motivos errados. Eu compartilhava muitos daqueles valores e decidi sair por causa de um gerente. Foi uma decisão imediatista. Sabe a frase do Nelson Mandela: "Ou ganha ou aprende"? Então, tem horas que a gente precisa aprender – e, claro, fui perceber isso uns dez anos depois.

A vida de consultor

Na PwC, comecei uma carreira de consultor. Ganhei uma formação muito rica ao trabalhar com treinamento e gestão de projetos de tecnologia. Quando estava com 34 anos, vivemos o *boom* da internet e o início do *e-learning* (ensino não presencial). Fiz muitos projetos nessa área. A Promon investiu em uma startup de *e-learning* e me chamou para tocar a operação. Conversei bastante com meus líderes e decidi assumir o desafio. A essa altura, eu era gerente sênior na PwC. Vivi o ciclo todo da Promon Intelligence – desde o desenho até vender e entregar projetos e ajudar a gerar receita. Na primeira reunião com o conselho, fomos apresentar o *pipeline* de vendas: percebemos que estávamos criando uma empresa muito maior do que o mercado, naquela época. O *e-learning* no Brasil não pegava de jeito nenhum. Aqui, as relações sempre foram mais interativas, e a chance de algo dessa natureza pegar seria muito difícil. Passei um ano criando a empresa, que chegou a ter 120 funcionários. No segundo ano, o time já tinha caído para 15 integrantes, e eu era o diretor-geral. O plano virou pagar as contas. Estávamos a anos-luz de poder fazer um IPO (oferta pública de ações). Você, como diretor, não tem muito em quem colocar a culpa. Mas, nesse ambiente turbulento, aprendi que gostava de ser líder. Gostei da liderança. Ao final de dois anos, falei para o Luiz Ernesto Gemignani (presidente da Promon) que estávamos muito longe de concretizar nosso plano e decidimos, portanto, descontinuar a empresa. Nisso, falei para os antigos sócios e líderes da PwC que queria voltar.

A beleza de um bom *feedback*

Minha área na PwC estava sendo comprada pela IBM, e foi para lá que eu fui. Passei a ser diretor de consultoria de *Human Capital* na IBM. Foram três anos no Brasil. Em 2004, recebi uma proposta para voltar para o Rio. Decidi não ir e compartilhei com meu chefe que queria viver uma experiência internacional. Começamos a montar um planejamento para isso, mas nunca esperei o RH me pegar pela mão e me mostrar os planos. Sempre aprendi a cuidar da minha vida e a ter autodisciplina para conquistar meus objetivos. Talvez essas características tenham surgido por conta do esporte: joguei basquete dos 14 aos 19 anos, e o esporte ensina a não esperar as coisas caírem do céu. Você tem de ir atrás. Essa atitude foi responsável por um gesto um tanto ousado nesse período. Escrevi um texto dizendo quem eu era e o que buscava dentro da companhia. Mandei esse e-mail para uns dez executivos da IBM. Todos me responderam educadamente, e um disse: “Estou fechando uma vaga aqui em Dallas”. A vaga era para vender soluções de *e-learning* para *Human Capital*. E assim, em 2005, fui com a família para os Estados Unidos.

O primeiro desafio foi executar um trabalho remoto. Cadê o escritório? Não tinha. Vivi tudo aquilo de acordar, ficar de pijama o dia inteiro, não fazer barba. Foram três meses trabalhando desse jeito num quarto de hotel, numa vida muito solitária. Depois, minha família chegou, alugamos uma casa, e a Starbucks virou meu escritório. Eu tinha como meta vender metade do que vendia aqui. Quando me disseram isso, pensei: "Beleza, tô de férias!". Só que tudo era diferente, tudo era muito virtual, eu não tinha o *networking* que cultivara no Brasil e vendi apenas metade da minha meta. A minha avaliação não foi boa.

Aí surgiu um projeto para ser implantado na Thomson Reuters, e passei oito meses viajando semanalmente para Minneapolis. A qualidade de vida era ótima. O americano trabalha de maneira mais organizada do que o brasileiro. Já estava havia um ano e meio lá (o plano era ficar dois) quando trabalhava no meu 14º projeto de SAP. Não tendo mais desafios, parei de vender. Recebi da minha chefe um dos *feedbacks* mais duros da minha vida e aprendi com ela a beleza de um *feedback* verdadeiro. Sem meias palavras, ela soltou: "Você tem potencial, mas perdeu o viço; está parecendo um funcionário público". Aquilo me deu um chacoalhão.

Eu achava que estava com a vida tranquila, mas na verdade estava acomodado demais. Então, com 40 anos, me lembrei dos tempos da Brahma e pensei: "O que eu quero para a minha vida?". Tinha cansado de ser consultor, de nunca estar lá no segundo dia. Pensei na minha carreira e percebi que tinha dois caminhos para trilhar: área Comercial ou Recursos Humanos. Até aí, nunca tinha sentado exatamente numa cadeira de RH. Conversei na empresa sobre essas possibilidades e também com *headhunters*. Até que conheci o Gilberto Lara (o líder de RH da Votorantim na época), e ele me deu um excelente conselho: "Faça a transição de consultor para RH dentro de uma indústria que você conhece". Liguei para a Olga Colpo (sócia da PwC), e ela estava em busca de um diretor de Recursos Humanos. Ali comecei uma nova carreira.

RH depois dos 40

Cheguei à PwC em 2007 com o objetivo de transformar o RH. A área ainda adotava práticas gerenciais antigas. Cheguei superacelerado, com a adrenalina de querer mexer mundos e fundos, e encontrei um time que dizia que qualquer coisa ali demorava pelo menos três meses. Foi uma mudança grande. Tirei gente sênior e promovi gente jovem. Meu combinado com o diretor e sócio era: eu fico um, dois anos em RH e volto para consultoria depois. Seria uma jornada com tempo definido. Mas logo eu havia me encontrado na função: o RH é um lugar em que dá para transformar a companhia. O impacto do meu trabalho como RH seria muito maior do que como consultor. Por isso, percebi que não tinha volta.

Em 2010, um *headhunter* me convidou para a posição de RH na HP. Preparei meu substituto na PwC e saí. A HP naquela época vivia um momento bastante turbulento. Antes de eu entrar, dois gerentes seniores haviam pedido demissão. O antigo diretor de RH não tinha ficado nem um mês na posição. Era para arregaçar as mangas e fazer um trabalho de reconstrução grande do time e do próprio RH. A HP era um ícone em práticas de gestão de pessoas, tendo sido pioneira em políticas inovadoras. O meu trabalho era resgatar esse sentimento numa empresa de 10 mil funcionários e 20 sindicatos. Ou seja, uma complexidade gigante.

No primeiro ano e meio, me dediquei a reestruturar o time do RH. O segundo período (mais um ano e meio) era para implementar os projetos. Paralelamente, comecei a discutir minha carreira (e minha vida). Quando voltei ao Brasil, tinha me separado. Em 2009, casei novamente e cheguei a pensar em ir para Palo Alto (Califórnia). O fato é que a operação no Brasil tinha ficado pequena e eu queria coisas maiores. Comecei a conversar sobre isso e a refletir sobre os próximos desafios. Eu já estava com 46 anos, tinha acumulado muita bagagem e ainda estava cheio de sede para lidar com coisas complexas. Gosto de coisas grandes e complicadas e, ao longo da minha carreira, percebi que tiro o meu melhor na crise.

Grupo Pão de Açúcar

O GPA entrou na minha vida em 2013, por causa do Prêmio Você RH (premiação promovida pela revista *Você RH*, da Editora Abril, que elegia, com base em uma banca de *headhunters*, os melhores executivos de Recursos Humanos em seus setores). O Enéas Pestana, presidente do GPA, viu meu nome na revista e me chamou para conversar. Foi a própria recrutadora da empresa quem me ligou. Fui, mas sem muitas expectativas. Não me via trabalhando em uma empresa de dono, mas rolou uma química muito boa entre mim e o Enéas. Conversamos durante horas, e a missão era novamente transformar o RH. De fato, não sou o cara da manutenção. Os números eram desafiadores: 150 mil funcionários! Fui falar com os executivos do Casino, na França, e com o Abílio Diniz, presidente do Conselho do GPA à época. O processo todo foi rápido, levou umas três semanas. E aqui estou há cinco anos.

Peguei os últimos seis meses do Abílio no Grupo. Havia problemas estruturais muito grandes para atacar. Eu achava que TI era dinâmico porque não conhecia o varejo! Não existe rotina no varejo, e você lida com as consequências de um *turnover* enorme. Hoje, temos 130 mil funcionários (contando a Via Varejo). Sem a Via Varejo, somos em 90 mil. Recrutamos e desligamos 2 mil pessoas por mês. Já vivi picos de recrutamento de 7 mil por mês. Temos 500 sindicatos, 1,5 mil grávidas por ano e 300 mil vidas no plano de saúde. São números gigantescos e complexos. Entre 2013 e 2014, tive um trabalho enorme de construção. Hoje tenho no Ronaldo Iabrudi, o presidente, uma excelente referência. Ele é psicólogo e começou na área de Recursos Humanos. Tem uma enorme maturidade e é um grande professor.

Do final de 2014 até 2016, o mundo começou a virar. Demitimos 20 mil pessoas, e algumas vezes tive de tomar decisões bastante duras. Nisso, você cresce como executivo. Aprendi que tudo bem você demitir e continuar amigo do colega que demitiu, por exemplo. São coisas que não entendia antes. Além de Recursos Humanos, assumi a área de Sustentabilidade e sou presidente do Instituto GPA, braço social do grupo que atua no desenvolvimento educacional e na mobilização social. Percebo, a cada dia, que estou fazendo coisas com um propósito.

Modismos em RH

A área de Recursos Humanos, de um modo geral, ficou muito contaminada por modismos. Quando cheguei aqui no GPA, por exemplo, a área se chamava – adivinha? – Gente! Fui ver se tinha a ver com a cultura da Brahma e achei que era mais cópia mesmo. Desse modo, voltou a ser chamada de Recursos Humanos. O nome não vai tornar a área mais ou menos estratégica. É preciso ser autêntico.

Durante muito tempo, o RH foi a área *soft* da companhia. Era a turma do PPT. Nos últimos cinco, seis anos, o PPT encontrou o Excel. Não é uma crítica ao lado *soft*. Precisamos ter o PPT, mas também precisamos de dados e fatos. Meu trabalho aqui foi o de simplificação. Reduzi três centros de serviços para um. Havia avaliação de desempenho no modelo 9 Box até para a loja. Operador de caixa era avaliado nos quadrantes. Para quê? Hoje, a nossa avaliação é muito mais simples. Tínhamos 24 academias de ginástica. Atualmente, temos duas e criamos o Programa Mais Saúde, que é muito mais amplo do que apenas esporte. Tudo isso ajudou para que o engajamento aumentasse de 52%, em 2013, para 67%, em 2017. A área de Recursos Humanos precisa saber priorizar seus investimentos – e o caminho para isso é a simplificação.

A evolução da área

Apesar desses tropeços e dessa imagem que ainda paira sobre o RH, percebo que a área evoluiu muito. Há um número bem maior de profissionais próximos à cadeia de valor da companhia. Hoje, espera-se que o líder de pessoas também seja o responsável pelo atendimento ao cliente, pela gestão de custo. É o cara que influencia e discute. Tudo isso é muito positivo para o profissional de Recursos Humanos e para a área de um modo geral. Mas eu ainda acho que estamos no meio do caminho. No restante do país, nas pequenas e médias empresas, temos muito RH policialesco, utópico, distante do negócio. O típico RH que só sabe reclamar que não tem o investimento necessário para a área. Sabe por quê? Porque esse RH não sabe fazer um *business case*; só sabe fazer festa. Em certos contextos isso pode até funcionar, mas não dentro de um contexto racional de negócio.

No futuro (bem próximo), vejo ainda mais transformações causadas pela tecnologia. Pense no impacto da tecnologia no recrutamento das empresas. Entrevistar 2 mil funcionários para a base? Vamos ter de criar conexões, juntar as pessoas num projeto e, uma vez definidas a política e a estrutura, podemos pedir para um robô fazer. Seremos uma área de solução de problemas para a gestão e a organização, e todos teremos de entender de tecnologia. Teremos mais generalistas e agentes de mudanças desafiando o negócio. Acredito muito em trabalho em grupo para falar dos grandes tópicos de pessoas, negócios e tecnologia, lidando com temas como passivo trabalhista. A tal rotina do RH (que desloca o profissional para cuidar de coisinhas burocráticas) vai acabar. Não é possível mais ficar preso a essas rotinas.

Não acredito que o RH vá acabar. Ele vai ficar menor e vai trabalhar por projeto. Essa história de delegar a gestão de pessoas para o RH acabou (já deveria ter acabado, pelo menos). A próxima geração deverá entrar no mercado com um olhar mais profundo para o todo. Isso vai ter um impacto direto nas divisões que se fazem na área: "Sou Desenvolvimento"; "sou Remuneração"; "sou BP". Isso será terceirizado. Teremos mais o "*project management*". Não dá mais para ter especialistas que só sabem fazer tabela salarial. Isso vai morrer. O que não morre é o RH. Sabe por quê? Enquanto houver interação humana, o RH não vai acabar. Ao contrário, irá influenciar cada vez mais o destino da organização.

Impacto social

O outro enorme desafio (e responsabilidade) da área de Recursos Humanos é o impacto corporativo na sociedade. Não à toa, é a nossa área que tem assumido a responsabilidade social e as funções de sustentabilidade da empresa. O mundo está cada vez mais dividido em tribos e governos. Há uma frustração generalizada em todos os lugares com a sociedade em geral. O que as empresas (nós) podem fazer para mudar esse mundo? Um exemplo é a Lei de Cotas. O Brasil nunca conseguiu resolver o problema das pessoas com deficiência, da sua inclusão na sociedade, no mercado de trabalho. O que o governo fez? Empurrou para as empresas. E as empresas estão resolvendo essa questão. O que acontece é que essa atitude provoca a criação de dois mundos: o mundo lá fora e o mundo aqui dentro. No mundo da empresa, há diversidade, há cartilha para lidar bem com essa questão, há comitês, há pessoas com deficiência, há debates sobre a ascensão de mulheres. Mas, quando você sai da empresa, encontra outro mundo, em que a mulher não tem vez, homossexual é agredido, pessoas com deficiência não têm trabalho. A nossa responsabilidade acaba sendo a de implementar um mundo que ainda não existe na sociedade. Há muitos homossexuais, por exemplo, que se abrem primeiro no trabalho, entre colegas e chefes, e depois em casa, lá fora.

Esse é um assunto de enorme complexidade, de urgência, e que cabe à área de RH. É uma responsabilidade muito nobre. Afinal, é pensar na seguinte pergunta: como faço para ajudar o mundo? Com a falência dos órgãos estatais, caberá cada vez mais à empresa lidar com as questões sociais. E isso estará nas mãos da área de Recursos Humanos.

4

CARLOS ALBERTO GRINER

Vice-presidente sênior de Pessoas
e Sustentabilidade da Embraer

Graduado em Engenharia Civil pela Universidade do Estado do Rio de Janeiro, o carioca de 54 anos aproveitou sua experiência como jogador de vôlei para construir equipes de alta performance e orientar seus times. Seu perfil de *coach* lhe rendeu uma promoção a gerente de obras, quando tinha apenas 23 anos, na Carioca Engenharia. Nos primeiros anos de carreira, manteve-se em funções de liderança com maior foco em engenharia até chegar, em 1992, à Comlurb, Companhia Municipal de Limpeza Urbana, do Rio de Janeiro, como coordenador da área de Qualidade. Lá, recebeu o convite para assumir a gerência de RH e tocou projetos importantes de educação corporativa e treinamento de qualidade. Teve rápida passagem pela consultoria Bureau Veritas e, em 1998, começou uma longa jornada no conglomerado multinacional GE: de gerente de RH a diretor de RH para a América Latina; de Petrópolis, no Rio de Janeiro, a Cincinnati, nos Estados Unidos, e depois Cidade do México. Transferiu-se para a Suzano Papel e Celulose em 2008, onde assumiu o cargo de diretor executivo de RH, com a missão de promover uma transformação organizacional rumo à cultura meritocrática. Desde junho de 2017, é responsável pela vice-presidência sênior de Pessoas e Sustentabilidade de RH na fabricante de aeronaves Embraer. Além de vários cursos em Gestão de Pessoas, o MBA Executivo pela Universidade Federal do Rio de Janeiro e a especialização em Liderança Sênior de RH pela Harvard Business School complementam sua formação de engenheiro.

Sempre tive vocação para ajudar as pessoas a alcançarem seu potencial máximo. Sempre foi algo nato em mim, mas só percebi isso há pouco tempo. Talvez isso tenha surgido no esporte. Eu fui nadador e depois parti para um esporte coletivo: joguei vôlei dos 9 aos 20 e tantos anos de idade, por influência do meu pai, que adorava o esporte. Minha irmã também foi jogadora de vôlei, e meu irmão até hoje trabalha com o esporte, ele é técnico de vôlei do Sesc-RJ. Eu era um jogador mediano, limitado talvez pela altura (1,80 metro). O meu diferencial era agregar e ajudar as pessoas a chegarem ao limite do seu potencial.

Eu adorava o espírito coletivo do vôlei. Além disso, é um esporte muito tático. Um depende do outro, muito mais do que em qualquer outro esporte. Ali, na quadra, é uma interdependência brutal. São três toques que exigem uma sincronia perfeita. Durante meu período no vôlei, fui capitão do time. Às vezes, nem era o titular, mas era o capitão, pois tinha o papel de interlocutor do técnico com o time, do time com o juiz, do juiz com o time, do juiz com o técnico. Um dos técnicos que tive no Fluminense, o Bené, ícone no vôlei do Rio de Janeiro, que descobriu jogadores como o Bernardinho, dizia que eu era o advogado do time. Hoje, quando faço alguns *assessments*, aparece no meu perfil a característica do advogado, do interlocutor, do mediador. Isso me faz lembrar demais o que o Bené dizia.

E era assim mesmo. Quando o time estava mal, eu era o cara que puxava, que ia dar um gás, uma força. Quando o jogador estava bem, eu era aquele que elogiava. Sempre tive essa postura de motivar, de resgatar o moral do time quando estava numa situação adversa, e sempre lidei muito bem com situações extremas. No momento mais difícil do jogo, quanto tinha muito público, eu crescia. Me sentia bem.

Sempre gostei muito dessas situações de interdependência, mas principalmente de ajudar o time a alcançar o máximo do potencial. Cresci com isso.

Virando gente grande

Estava com apenas 16 anos quando prestei vestibular e, com essa idade, não sabia exatamente o que eu queria. Sou filho do meio (tenho uma irmã mais velha e um irmão mais novo), e meu pai, engenheiro, tinha uma empresa de engenharia. Acabei seguindo a profissão dele por achar que era um curso que poderia me dar base para outras coisas. Não foi uma escolha ambiciosa "Uau, quero ser engenheiro", mas eu era bom aluno de matemática tinha facilidade também para física e química, boa capacidade analítica. Prestei vestibular e passei. Comecei o curso na Universidade Santa Úrsula porque eu tinha convênio com o Fluminense, mas terminei na Universidade Estadual do Rio de Janeiro (UERJ).

Também sempre tive interesse em conhecer culturas, que é outro aspecto que eu acho que influenciou a minha vida profissional. Sempre gostei muito de entender a cultura dos outros, de outros países, saber como as pessoas se comportam. Sempre tive interesse pelo comportamento humano.

Como entrei muito cedo na faculdade, quando terminei as disciplinas básicas pedi ajuda do meu pai para fazer um curso de inglês na Inglaterra e, depois, viajar. Queria fazer um mochilão. Como não tinha tanta grana, fui de cargueiro (um navio da Vale com minério de ferro).

Eu tinha 19 anos, e essa experiência me proporcionou um momento muito bacana de reflexão. Na Inglaterra, fiquei na casa de uma família durante quase dois meses. Fui para lá especificamente para aprender inglês, mas conheci um pessoal do vôlei e comecei a jogar para uma universidade. No final, acabei saindo da casa dessa família quando terminou o meu ciclo do curso e fiquei mais umas semanas na casa do técnico do time, aproveitando para jogar em várias universidades. Viajei pela Inglaterra jogando vôlei e comecei a trabalhar fazendo bicos para juntar dinheiro e viajar. O meu objetivo era viajar, conhecer o máximo possível de lugares e pessoas. Meu pai havia pago o curso e a passagem de cargueiro. Depois disso, eu iria me bancar. Quando o dinheiro acabasse, eu voltaria. Por isso, precisava sempre fazer contas relativas aos meus gastos. Em síntese, tinha de me virar.

Acabei ficando dois meses e meio na Inglaterra e viajei por mais cinco pela Europa. Nesse período, conheci 16 países, peguei carona e fiz de tudo um pouco. Trabalhei como lenhador na Alemanha; fiz jardinagem na França; recebi turistas em Portugal. Sabe esse esquema de hoje em que as pessoas fazem trocas? Eu fazia lá, especialmente nos albergues, que têm um perfil de rede social. Vivi muitas experiências colaborativas e não tinha programação, não tinha previsão de onde estaria no dia seguinte.

Comprei a passagem de volta na Holanda, que foi o lugar mais barato que descobri (dica do pessoal do albergue). Quando cheguei ao Brasil, tinha mil dólares, que entreguei para o meu pai. Ele nunca se esquece disso, pois era algo que ele não esperava. Aquela viagem mudou a minha vida. Ganhei uma confiança muito grande e uma maturidade precoce. Descobri que eu podia me virar.

Gerente aos 23

Apesar de não ser uma paixão, terminei o curso de Engenharia. Na UERJ, você tinha a oportunidade de escolher a especialização em engenharia e a ênfase. Optei por Engenharia Civil, mas com ênfase em

Sanitária e Ambiental. Isso já foi o primeiro indício de que eu gostava desse lado mais social, mais ambiental. Foi ali que comecei a ver que não queria ser um engenheiro clássico, mas ainda não tinha muita alternativa, não estava no mercado.

Depois de graduado, cheguei a trabalhar por seis meses como professor, mas foi uma experiência muito rápida. Logo me chamaram para um programa de *trainee* na Carioca Engenharia, uma empresa de construção pesada. Pela empresa, e como *trainee*, fui parar no Paraná. Tinha uma obra diferente, um projeto com a Universidade do Estado do Paraná, que envolvia experimentar vários tipos de pavimento. Foi uma experiência legal porque aprendi muito conceitualmente. Eu não tinha nenhum conhecimento sobre estradas até então. A proposta da companhia era eu ficar dois anos como *trainee* e, depois, ingressar em uma carreira provavelmente gerencial. Mas surgiu uma vaga, e não havia nenhum engenheiro sênior para assumir. Como eu estava indo bem, eles me deram essa oportunidade. E, assim, após nove meses de empresa, com apenas 23 anos, assumi uma espécie de "minigerência".

Obviamente fiquei um pouco surpreso com essa promoção porque foi antes de terminar o meu ciclo. Eu nem tinha muita experiência técnica, muito menos em gestão. Quando comecei no cargo de gerente de obra, entrei em pânico. Minha equipe era gigante, um time de praticamente 100 pessoas. Uns oito diretos e, abaixo deles, todos os trabalhadores. No primeiro momento, percebi uma certa sabotagem comigo; afinal, eu era muito novo e o pessoal estava me desafiando.

Depois do primeiro dia de trabalho como gerente, cheguei ao hotel em que estava hospedado e liguei para o meu pai, chorando. Disse para ele: "Os caras estão me testando". Falei também com um amigo, que me aconselhou a me impor e colocar limites. Foi nessa época que virei Griner. Até então, todos me chamavam de Beto. Achei que Griner iria impor mais respeito. Comecei a me virar, mas percebi que não tinha nenhuma bagagem teórica para ser gestor. Fui na intuição e me dei bem.

Curso em RH

Com pouco mais de um mês de atuação, fui ganhando a confiança do pessoal e resolvi fazer um curso de Recursos Humanos. Já nesse primeiro momento, sentia falta de ferramentas de gestão. Fui aprendendo, fiz um curso de três semanas em Liderança Situacional que foi maravilhoso. Eu precisava de um pouco de embasamento teórico para lidar com pessoas, precisava ganhar maturidade.

Nessa mesma época, fiz outros cursos voltados a Qualidade. Eu gostava muito das áreas de Produtividade e Qualidade, além de Recursos Humanos – essas eram as áreas em que eu navegava bem dentro do meu trabalho. Ali conseguia enxergar meu diferencial. Na engenharia, eu me virava. Não era um engenheiro fraco, mas também não era brilhante. Do ponto de vista técnico, eu sabia das coisas. Por isso, busquei me aperfeiçoar nas áreas de Produtividade, Qualidade e Indicadores, em que, além de me dar satisfação, eu percebia, por consequência, meu bom desempenho.

Comecei a colocar em prática esse aprendizado dos cursos e fui identificando cada vez mais minha vocação: perceber que, por meio das pessoas, eu poderia obter mais qualidade, mais produtividade e, consequentemente, mais resultados. Foi a partir dessa percepção que criei o meu primeiro programa de motivação.

Aprendi, nesse período na empreiteira, que o diferencial na obra era a eficiência dos equipamentos. Se os equipamentos funcionassem bem e não quebrassem, a obra tinha sucesso. Fui conversando com o pessoal da matriz, da área de Planejamento, os engenheiros, e percebendo que o sucesso de uma obra dependia de quanto os equipamentos não quebravam e eram produtivos. Por isso, fiz um programa chamado "Cuide e ganhe". O nome era até feio, e o programa era bem simples: montei um comitê, e os encarregados davam nota para todos os operadores. Aqueles que cuidavam melhor das máquinas ganhavam mais pontos, e, no final, premiávamos o melhor do mês na frente de todo mundo. No final do ano, o melhor ganhava uma televisão. Aparentemente, não era um programa extraordinário, mas fez uma enorme diferença. Nossa eficiência mecânica ficava na faixa de 70% e pouco, o que era considerado normal. Após o programa, fechamos o ano com 92% de eficiência. As máquinas pararam de quebrar porque o pessoal se sentiu motivado.

A pedreira do Griner

Fui avançando até que chegou o momento em que mudei de empresa. Depois de quatro anos na Carioca, fui para a CR Almeida, outra empreiteira. Minha base passou a ser o Rio de Janeiro. Eu fazia as obras em São Paulo, passava uns 25 dias nos arredores da cidade e uns cinco dias no Rio de Janeiro, na casa dos meus pais. A CR Almeida estava fazendo uma estrada maior no Estado de Tocantins e, ao mesmo tempo, participando da obra de Palmas. O meu trabalho era muito similar ao que eu fazia na Carioca.

Vivi nessa empresa uma experiência muito legal nas pedreiras. Costumávamos ir para as pedreiras para fazer a brita que iria para o asfalto. Aquele ambiente parecia o fim do mundo. Imagine o robô da animação *Wall-E* chegando à Terra. Era isso. Com o encarregado da pedreira, resolvi discutir se não podíamos transformá-la em um lugar mais aprazível e, consequentemente, gerar maior satisfação para aquele pessoal. Foi superlegal, porque ele topou a ideia e a nossa pedreira ficou impressionante: os operários pintaram de cal o meio-fio até chegar à pedreira, tiravam o pó, lavavam etc. O dia em que o diretor foi lá, não acreditou no que viu. Tinha até gramadinho e flor. Nossa pedreira bonita virou *benchmark*. O diretor começou a pegar no pé dos outros engenheiros para que todos deixassem sua pedreira como a do Griner.

Passou um ano e eu não estava mais feliz naquele ambiente. Fiz a escolha de não trabalhar mais em empreiteiras. Primeiro, porque não estava curtindo tanto, e também porque achava que esse não seria o melhor caminho para desenvolver minha carreira. Eu estava muito afastado do centro, muito no interior. Nada contra o interior, mas eu tinha pouco acesso a estudos, a cultura. Nesse momento, fui chamado pela Prefeitura do Rio. Havia prestado um concurso fazia anos, antes de entrar na Carioca, e nunca tinham me chamado. Acabou acontecendo. Decidi então sair da CR Almeida, voltar para o Rio e ver no que ia dar.

Em busca de indicadores

Pouquíssimo tempo depois de ter começado na Prefeitura do Rio, conheci o presidente da Companhia Municipal de Limpeza Urbana – Comlurb, uma empresa grande, encarregada da limpeza urbana no Rio de Janeiro. Tinha montado um projeto de reciclagem de papel e, nessa oportunidade, conheci o presidente da Comlurb, Paulo Carvalho. Conversei bastante com ele e sinalizei meu interesse de ir para sua empresa. Ele tinha intenção de montar um Programa de Qualidade na Comlurb. Aproveitei para dizer que estava estudando esse assunto fazia dois anos, que adorava o tema e tinha desenvolvido algumas experiências nessa área nas empresas pelas quais havia passado. Ele então me perguntou se eu gostaria de me juntar ao time e me chamou para conversar. Depois do bate-papo, ele negociou com a área em que eu estava na Prefeitura e me ofereceu a vaga de coordenador de Qualidade.

Logo percebi que meu cargo era quase evangelizar as pessoas. Eu estava em uma empresa de economia mista, ligada ao governo, e tinha que incutir uma cultura de qualidade em um ambiente de trabalho no qual não havia essa preocupação. Foi um trabalho de catequese mesmo, de ensinar os conceitos da qualidade. Na prática, eu era um instrutor. Ministrava treinamentos, colocava o pessoal na sala de aula, desenvolvia conceitos, trabalhava com qualidade de serviço e, finalmente, criei indicadores.

Naquela época, não existiam indicadores para medir a produtividade dos garis. Existiam indicadores só para a coleta de lixo, mas apenas cerca de 10% dos garis trabalhavam na coleta. A maioria trabalhava varrendo ruas, e isso não era medido – até porque era muito difícil medir. Havia um selinho que os garis colocavam nos sacos plásticos, e nós contabilizávamos a quantidade de selos usados por cada um. Fomos testando e descobrindo, mas o fato é que começamos a trabalhar muito com esse conceito de indicadores por meio de treinamentos e a gerar uma transformação cultural.

A entrada oficial no RH

Um belo dia, o Paulo Carvalho disse que precisava conversar comigo. Disse que estava muito feliz com o meu trabalho, mas que tinha percebido o meu envolvimento com o treinamento dos garis. Por isso, perguntou se eu não queria ir para a área de Recursos Humanos. Ele precisava trocar o gerente da área e me fez o convite. Para ele, eu tinha tudo a ver com RH. Não houve nenhuma resistência. Eu estava com 30 anos e aceitei com prazer o cargo de gerente de desenvolvimento de Recursos Humanos da Comlurb. No fundo, acho que esse já era o meu sonho e eu não sabia. Entrei no RH como gerente e na parte nobre da área. Cuidava de remuneração, treinamento, comunicação interna, negociação sindical e educação. Ficavam fora da minha responsabilidade a gestão de benefícios e a folha de pagamento.

No RH, minha equipe e eu acabamos montando um baita programa de educação. Naquela época, comecei a trabalhar muito a questão da valorização do gari. Implantamos um programa quinzenal de televisão chamado *TV Gari*, dos garis para os garis. Esse foi um dos projetos mais legais que já fiz. Montei um estúdio e transmitíamos esse programa nas regionais, nas áreas onde estavam os garis. Fazíamos cópias em cassete para rodar o vídeo em cada lugar em que eles começavam o trabalho – eram 9 mil garis na Prefeitura.

Também voltado para os garis, criamos um programa de treinamento em qualidade de serviços. Esse programa também fazia parte daquela iniciativa de valorizar o trabalho dos garis. Os instrutores eram os próprios gestores da empresa. Demos treinamento para aproximadamente 90 pessoas – que eram os multiplicadores – e todos adoraram, porque nunca tinham feito isso. Lembro de ter dado treinamentos de madrugada porque a limpeza é 24 x 7, não para. Foi uma experiência profissional incrível! Até então, a experiência como RH na Comlurb estava sendo o momento mais feliz da minha carreira. Eu sentia que estava dando voz à minha vocação: ajudava as pessoas a ficarem melhores. Os resultados foram muito legais. A empresa foi reconhecida como exemplo de qualidade de serviço, naquela época. Fizemos uma verdadeira revolução!

No meio desse trabalho, resolvi fazer um MBA Executivo na Coppead, porque eu tinha muita prática e pouca teoria. Tudo o que fazia era intuitivo, e eu achava que estava na hora de acrescentar um pouco de teoria. Já estava havia quatro anos na Comlurb, e feliz, mas incomodado com algumas questões: os salários eram padronizados. Havia poucas ferramentas de diferenciação. Existia uma limitação na área salarial, e comecei a perceber que, para crescer, eu dependeria de política.

Foi quando conheci no MBA o presidente da Bureau Veritas, que me convidou para ser consultor de Sistemas de Gestão de Qualidade, Meio Ambiente, Segurança e Saúde. Foi uma experiência interessante porque eu oferecia todo o meu conhecimento, mas também adquiri muita bagagem. Dei consultoria em empresas grandes, como a Petrobras, e tive a oportunidade de conhecer outras realidades.

Valeu como aprendizado, mas eu não me sentia completo. Gostava de fazer as coisas acontecer, não de ficar dando recomendações e, um mês depois, ver o que tinha acontecido. Percebi que ser consultor não era bem a minha praia; eu sentia que ainda tinha muita lenha para queimar como gestor.

GE

Coincidiu que a GE (General Electric), por meio de um *headhunter*, entrou em contato comigo. Foi engraçado porque quem fez a indicação para o *headhunter* foi o gerente de RH da Carioca Engenharia. A posição era de gerente de Recursos Humanos para a fábrica da GE Celma, que produzia turbinas de avião. A GE Celma estava na perspectiva de comprar as oficinas da Varig. O negócio iria crescer e seria necessário fazer a integração. Meu colega da Carioca, que havia sido sondado, informou ao *headhunter* que não tinha inglês fluente, mas que conhecia alguém que talvez fizesse sentido para o cargo. Um cara que tinha trabalhado para ele, que não era originalmente do RH, mas que tinha ido para essa área na Comlurb. Esse cara era eu.

Depois de conversar com o *headhunter*, fui conhecer o Alexandre Silva, então presidente da GE Celma. A minha conversa com o Alexandre foi coisa de outro mundo, não dá para explicar. Fiquei encantado com ele; nos demos superbem. Eu tinha de fazer entrevistas nos Estados Unidos, e o Alexandre já estava me ajudando com uma espécie de *coaching* para isso. Viajei para fazer as entrevistas no feriado do Carnaval, porque não queria falar na Bureau Veritas que estava concorrendo a outra vaga. Fiz um bate e volta em Cincinnati, onde fica a matriz de aviação da GE. Fiquei 24 horas na cidade e fiz sete entrevistas lá. Fui escolhido e comecei a minha carreira na empresa como gerente de Recursos Humanos da Celma. Ali, em 1998, minha carreira começou a se consolidar.

Logo que cheguei, compramos a oficina da Varig e eu cuidei da integração. O objetivo era expandir os negócios da Celma na América do Sul e ter uma grande oficina. No meio desse processo acelerado, apanhamos pra caramba, crescemos, contratamos e formamos gente. Montamos um programa de porta de entrada em parceria com o Senai para operadores em formação, e trazíamos o pessoal como estagiários.

Com isso, reunimos um *pool* de talentos superlegal e conseguimos oxigenar o time, porque o pessoal antigo estava havia muitos anos na empresa e não saía. Então, lançamos também um programa de porta de saída. Foi uma época boa de trabalho!

11 de Setembro

Comecei a ocupar um espaço, e a empresa estava em crescimento acelerado. Até que veio o 11 de Setembro. Aquela tragédia foi uma catástrofe para a aviação e uma catástrofe ao quadrado para a área de serviços de aviação, porque a gente revisava as turbinas.

Os aviões voavam cerca de 10 mil horas e paravam. Nessa parada, era feita a revisão das turbinas. Quando os aviões pararam de voar (o que aconteceu após o 11 de Setembro), as aeronaves foram para o deserto. Isso aconteceu principalmente com a frota de aviação americana, mas não só. Talvez um terço da frota de aviação total tenha ido parar no deserto para não estragar os equipamentos. Aquilo era um cemitério de aviões. Além de ter um terço da frota parada, os dois terços que ainda voavam não eram revisados. Simplesmente, quando a turbina chegava ao limite, em vez de fazerem a revisão, as empresas levavam a turbina para o deserto, pegavam a do outro avião parado e botavam para voar. Conclusão: perdemos de cara um terço da demanda, e os outros dois terços não vinham mais regularmente para nós. Só chegavam depois de ter a turbina substituta no limite.

Passamos uns seis meses na pindaíba, com uma operação gigantesca. Resumo da ópera: das 2 mil pessoas que trabalhavam para nós, tivemos de limar dois terços e fechar a oficina da Varig. Em seis meses, tivemos de fazer uma consolidação das duas operações com ampla demissão. Uma coisa legal foi que fizemos isso com muito respeito, com muito cuidado, conversando com o sindicato. Não teve queda de qualidade nem atrasos na entrega.

Nessa época, o principal indicador era o TAT (*turnaround time*), que é o tempo que leva para tirar a turbina do avião, fazer a revisão e devolver para o avião. Nós tínhamos um TAT supercompetitivo, apesar de estarmos na serra de Petrópolis, e não prejudicávamos a qualidade. Os americanos ficaram malucos porque, mesmo tendo demitido dois terços do pessoal, nunca falhamos em qualidade, tempo ou custo. Foi supervisível esse processo.

Desde que comecei a trabalhar, esse episódio foi o momento mais tenso da minha carreira e também exigiu um trabalho intenso, com muitas horas de dedicação.

Faltou combinar com o sindicato

Quando cheguei à Celma, antes ainda do 11 de Setembro, acabei fazendo dois projetos: um foi um sucesso absoluto; o outro, um fracasso.

O que foi bem foi o de recrutamento. Acostumados a fazer anúncio em jornal, encontramos uma startup que oferecia um sistema para acelerar o recrutamento. Foi excelente. O que deu errado e que, na minha opinião, era o melhor projeto, era o do plano de saúde. Tínhamos um sistema de saúde que custava caro. Era um pouco assistencialista, pois permitia a inserção de pai e mãe no plano, enfim, um legado meio esdrúxulo da época antiga da Celma.

Encontrei ali uma baita oportunidade para analisar as estatísticas e fazer um projeto Six Sigma. Estudamos pra caramba, aprendemos muito sobre saúde, fizemos todos os estudos estatísticos, usamos a metodologia etc. Percebemos que o gasto era brutalmente diferente conforme a faixa etária e, no final, chegamos à conclusão de que havia um mau uso do plano – coisa que existe até hoje no nosso sistema, com a diferença de que, naquela época, não tinha coparticipação, o que hoje é comum. Acreditamos, portanto, que a solução seria adotar o modelo de coparticipação, pois, se o funcionário tivesse de pagar uma parte, ele passaria a fazer um uso mais responsável do plano.

Fizemos um baita projeto, que iria resultar numa economia legal, sem prejudicar os funcionários. Isso porque, ao implementar a coparticipação, iríamos diminuir a cobrança mensal.

A elaboração do projeto demorou uns seis meses. Fizemos um novo desenho detalhado e elaborado para a operadora. O problema – e o grande erro – foi termos esquecido o sindicato. Comunicamos aos gestores e aos colaboradores, mas não comunicamos ao sindicato. Como resultado, o grande projeto foi por água abaixo porque o pessoal ficou inseguro. O sindicato se organizou, percebeu a nossa vulnerabilidade e começou a fazer campanha contra. No final das contas, não implantamos coisa nenhuma. Acho que deve estar tudo lá, no mesmo modelo ainda. Foi o maior fracasso da minha carreira, porém me serviu de base para agir de outra maneira no futuro.

Aprendizado a partir do erro

Esse erro me fez desenvolver uma nova habilidade: envolver as pessoas certas, chamar para debater, ouvir sugestões e críticas, antes de comunicar qualquer projeto ou mudança. Percebi que comunicação e alinhamento são fundamentais para o sucesso de qualquer coisa. Faço isso hoje com muito cuidado. Às vezes, tão importante quanto a qualidade do projeto é como você mobiliza as pessoas para entenderem e abraçarem a mudança.

Esse fracasso poderia ter sido comprometedor se tivesse acontecido mais para a frente na minha carreira na GE, mas foi bem no meu começo na empresa. E o mais importante: me fez mudar. O que mudei conceitualmente a partir desse erro foi algo enorme. Além de ter me proporcionado maturidade. O erro gera resiliência e nos derruba daquele "pedestal", tira da gente aquele pensamento de que faz tudo certo. Ninguém faz tudo certo! Outro aprendizado foi entender que a chance de errar é muito maior quando agimos sozinhos, quando não compartilhamos o trabalho. Acho que me tornei muito mais participativo a partir desse erro.

Visibilidade

Um pouco depois do 11 de Setembro, o vice-presidente da GE veio ao Brasil. Ele gostou do que viu, do que estávamos fazendo nessa situação de crise. O pessoal nos Estados Unidos estava desconfiado e, depois dessa visita, pudemos perceber que ele ficou bem tranquilo com o modo como estávamos conduzindo a situação. Vale salientar que, nos momentos de corte, a GE tirou mais volume de suas operações do Brasil do que de outras localidades. Foram até um pouco duros conosco, talvez porque tínhamos uma operação nova que ainda precisava ser consolidada. Todos tiveram de fazer cortes, mas acho que aqui foi mais rápido. O bom disso foi que, enquanto o pessoal ainda estava com problemas, nós já tínhamos resolvido o nosso e já estávamos pensando em retomar os negócios. Tudo isso surpreendeu a GE e nos trouxe visibilidade internacional.

Durante sua visita, o VP ouviu nossos relatos, conversou com muitas pessoas, gostou do que viu e percebeu que tínhamos realmente feito um trabalho legal. Foi então que ele me convidou para uma posição internacional. Como eu tinha interesse em viver uma experiência fora do país, aceitei o convite. Fui para Cincinnati, onde ficava a matriz de aviação, trabalhar na área de tecnologia em uma época em que a digitalização estava se tornando muito forte. Naquele momento, a preocupação era como tirar as equipes de TI dos países mais caros e levá-las para Índia, México e China. A GE estava com um superprograma de *outsourcing* para a Índia, onde montou um grande centro.

Fui chamado para montar toda a estrutura de TI da área de aviação para levar para a Índia também. Tinha de criar um ambiente dentro dos Estados Unidos e da Europa de onde iam sair os profissionais.

Colocamos mais de 600 pessoas nesse centro. Formamos e contratamos. Ao mesmo tempo, tínhamos de migrar dos polos caros para lugares de baixo custo.

Na minha vida, esse foi um momento muito interessante por vários motivos, a começar por mudar de país com a minha família (mulher e dois filhos pequenos à época). Eu tinha muito trabalho: estava no olho do furacão por causa dessa migração. O clima organizacional precisava ser administrado, principalmente nos Estados Unidos. Por isso, fizemos um trabalho bem forte de comunicação, de aproximação. Ajudei a trazer o líder do negócio para perto, promovemos muitas conversas francas. Eu sempre me pautei pela transparência, pela franqueza, por relações honestas ganha-ganha, pela interlocução entre líderes. Também traduzia a necessidade do negócio para o pessoal entender que há motivos racionais para as coisas serem feitas.

Naquela época, trabalhávamos globalmente trilha de carreira, mas também cuidando para que o pessoal sênior agregasse mais valor e pudesse crescer, até para que não sofresse durante o processo de *outsourcing*, o qual iria começar com posições mais juniores na Índia. Se não compartilhássemos esse processo, as pessoas poderiam se sentir agredidas, porque, de uma hora para outra, iam começar a ver posições sendo eliminadas.

De Cincinnati para o México

O plano era eu ficar três anos nos Estados Unidos, mas, após um ano e pouco, a empresa precisou de uma pessoa sênior, que tivesse exposição, falasse espanhol e tivesse condições de cuidar do mesmo processo no México, uma operação gigante, com 30 mil funcionários e dezenas de fábricas. Então, o número 1 de RH na GE me ligou, por meio do presidente de Aviação, e ofereceu a oportunidade.

Fui para o México fazer a entrevista, conversei com o presidente da GE local e com alguns diretores. Todos estavam tentando me "vender" o México. Terminada a entrevista, perguntei para o presidente se tinha outro candidato e descobri que não existiam outros, eu era o único. Topei a mudança para a cidade do México porque era uma necessidade real da empresa e significava uma posição de responsabilidade corporativa grande.

O meu antecessor no México era muito centralizador, controlava as relações, apesar de as operações na GE serem independentes. Por causa dessa postura, alguns negócios tinham até uma rixa com a área corporativa. Percebi isso já no primeiro momento e adotei uma postura completamente contrária. Uma das minhas prioridades naquele momento era falar espanhol com total fluência. Meu espanhol era bom, mas não o bastante. Estabeleci para mim a meta de que, em até 30 dias, não estaria mais falando inglês dentro da empresa. Fiz um intensivo de espanhol, estudando todos os dias, e cumpri minha meta: em 30 dias, tinha parado de falar em inglês no trabalho.

Depois desse intensivo no idioma local, fui visitar as áreas, os negócios e, com humildade, ouvir e entender o que estava incomodando. Como o meu antecessor não era muito querido, esse contraste de personalidade acabou se mostrando bom para todos. Com isso, comecei a promover trabalhos em equipe. Comecei a pegar o pessoal para fazer parte de minicomitês, de grupos de trabalho, e os negócios começaram a se integrar. Foi nesse momento que consolidamos, por exemplo, os pacotes de benefícios para o México inteiro. Também montamos um *pool* de gestão de talentos para todos os negócios.

Projeto de repatriação

O maior desafio era transformar a operação no México, muito voltada para exportação, em uma porta de entrada para crescer na América Latina como negócio. Para isso, precisávamos de outros perfis de profissionais. Precisávamos de gente mais comercial e não encontrávamos esse perfil por lá, pois todos que tinham crescido nessa área haviam saído da GE ou da operação do México, principalmente por falta de oportunidade de carreira. Usando a base de dados da GE, fiz uma pesquisa e descobri que havia centenas de mexicanos espalhados. Depois, expandi o levantamento para abranger toda a América Latina. Encontramos com isso 300 latino-americanos da GE fora da América Latina.

A partir dessa descoberta, montei um programa de repatriação para dar a essas pessoas a oportunidade de voltarem para casa. Com base na pesquisa, perguntei para aqueles profissionais os motivos pelos quais estavam fora e cheguei à conclusão de que muitos tinham saído por falta de oportunidade, algo que poderíamos oferecer agora.

Desses 300 da América Latina, 60 voltaram para cargos de peso. A empresa tinha carência de talentos, e chamamos os expatriados para posições-chave. Em posições de negócio, 70% eram expatriados e 30% locais. Ao longo de três anos, invertemos esse percentual. Começamos a dar maior visibilidade para os talentos locais, promovendo internamente o *mentoring*. Essas pessoas que vieram de fora voltaram com uma cultura forte de GE e, como mentores para os mais novos, agiram como verdadeiros multiplicadores. Isso intensificou o processo de desenvolvimento, e o RH, que antes tinha uma imagem ruim perante as outras áreas, passou a ser supervalorizado. Nós mudamos a cara do RH, e, logo na sequência, houve uma mudança geográfica de negócio. O México se fundiu com o restante da América Latina, tornando-se a matriz da GE nessa região.

Nessa transformação, o presidente da GE México, a pessoa que tinha me levado para lá, assumiu a América Latina e me levou junto com ele, me promovendo para ser o RH da América Latina. Foi legal porque pude ajudar muito nessa integração, afinal o México precisava integrar o restante, e o grosso disso era o Brasil. Comecei a cuidar do Brasil de novo, estando lá no México, e também de toda a América Latina. Repliquei todo esse modelo de talentos para a região.

Até que, em 2006, o Brasil começou a crescer e a GE decidiu trazer a matriz da América Latina para o Brasil. Eu estava novamente no lugar certo e vim junto com essa mudança. Foi perfeito.

Brasil: a bola da vez

Quando voltei para o Brasil, tocava o dia a dia da operação aqui e cuidava da América Latina. Tinha todo o processo da transição, de como trazer as operações para cá, e a GE estava crescendo muito. Quando me mudei para São Paulo, não tinha *networking* nenhum; era a primeira vez que vinha morar na cidade. Procurei grupos de RH, como o G3 e a Câmara Americana. Comecei o meu *networking* em São Paulo dessa maneira.

Após mais de um ano de GE em São Paulo, comecei a querer tocar um negócio grande como RH, e surgiram duas oportunidades fora do Brasil. Uma era nos Estados Unidos e a outra, na Itália. Conversei muito, amadureci a ideia e acabei chegando à conclusão de que aquele não era o momento de fazer uma mudança por causa do lado pessoal. Meus filhos tinham mudado muito; minha mulher, também. As crianças estavam sem raiz, eu já tinha tido o terceiro filho no México. Somado a isso, tinha o peso do Brasil, que estava indo muito bem em 2008, crescendo. Foi quando pensei em migrar para uma empresa brasileira, aqui mesmo, e ter uma independência maior.

A experiência em uma multinacional é superlegal, mas você dedica muito tempo a fazer a coisa certa e muito tempo a convencer os outros a fazerem a coisa certa. Você tem de se explicar muito, se preparar, reportar. Na GE, contratamos profissionais para todos os negócios. Eu podia trazer pessoas boas, de qualidade, tínhamos um fator de atração de talentos muito grande. Era legal poder fazer alguns processos diferentes na GE, era sempre uma customização.

Sair do RH?

Naquele momento em que eu pensava que o meu ciclo na GE estava se encerrando, cheguei a pensar em ir para uma área diferente da de RH dentro da empresa. Eu já estava havia algum tempo no RH, tinha praticamente dez anos de experiência na área, quando considerei a possibilidade de sair.

Cheguei a sondar algumas opções, mas nada vingou. As áreas grandes já estavam consolidadas e tinham planos de sucessão. Essas áreas novas eram uma oportunidade de crescer dentro da GE na região, mas, por outro lado, eu gostava muito do RH. Eu tinha três opções: 1) sair do Brasil no RH; 2) ficar no Brasil e trabalhar em outra área; 3) ficar no Brasil e fazer RH fora da GE.

Optei por ficar no RH e no Brasil. Sempre acreditei que poderíamos conseguir mais resultados por meio das pessoas. E o meu diferencial sempre foi mais a minha capacidade de mobilizar pessoas, não tanto o lado técnico. Acredito que uma empresa na qual as pessoas são mobilizadas e engajadas pode ser muito melhor do que as outras do mesmo setor e com os mesmos ativos. E acredito que posso fazer muita diferença, influenciando e mobilizando mais pessoas.

Convite para a Suzano

Quando comecei a pensar em mudar, conversei com uma pessoa que me orientou. Esse mentor sugeriu que pensássemos em nomes de organizações que melhor correspondessem àquele momento da minha carreira. Fizemos um mini *brainstorm* ali mesmo e listamos alguns nomes de empresas. No final, ele me perguntou qual fazia mais sentido. A Suzano. Todas as opções na lista eram empresas brasileiras. Escolhi a Suzano pelo momento que ela vivia: era uma empresa que estava se profissionalizando, internacionalizando e crescendo.

Essa conversa se deu numa quinta-feira. Por coincidência, na segunda-feira, eu estava na Argentina trabalhando pela GE quando recebi uma ligação desse meu amigo-mentor. Ele me disse que tinha conversado com um *headhunter* no fim de semana e esse *headhunter* havia perguntado se o meu amigo tinha um RH para indicar para uma posição em uma empresa brasileira legal. Ele não poderia revelar o nome da companhia, apenas seu perfil: industrial, querendo crescer, e mais alguns detalhes. O meu amigo disse que tinha um nome para indicar, mas só se soubesse o nome da empresa. Era a Suzano. Meu amigo disse que o nome para a vaga era o meu. Dei sorte. Na quarta-feira, já de volta ao Brasil, fui conversar com o *headhunter* e, dois meses depois, já estava trabalhando na Suzano.

Ali, minha tarefa seria construir uma base de meritocracia sólida, com um sistema robusto de RH. Precisava entrar com um sistema completo de gestão e, novamente, fiz isso em conjunto com as pessoas. Eu tinha o modelo da GE na cabeça e até poderia tê-lo implantado, mas, em vez disso, passei um mês rodando. Fui ouvir as pessoas, entender a situação. Descobri pessoas interessantes, com vontade de fazer algo mais sólido e meritocrático. Então montamos um grupo de trabalho multidisciplinar e tracei o desafio de lançar, em 30 dias, um sistema de gestão de desempenho com a cara da Suzano.

O primeiro ciclo na Suzano foi de muito crescimento. O meu foco era implantar uma cultura meritocrática, mas, para construí-la, era necessário trabalhar algumas bases estruturais, bases que são estratégicas, não operacionais. Mudar um sistema de gestão para implantar uma meritocracia real é superestratégico. Compor uma base de sucessão para a empresa crescer – porque o plano era globalizar – também é superestratégico. Precisei fazer muitas coisas estruturais com o RH para poder colher frutos estratégicos.

Uma cidade chamada Imperatriz

No meio de tudo isso, teve a fábrica de Imperatriz, no Maranhão. O pré-projeto dessa fábrica foi a minha porta de entrada para a área social da Suzano. Era um projeto totalmente de RH, voltado para desenvolvimento, mas muito fora da caixa.

Nós implementamos a ideia do consórcio, quer dizer, juntar as empresas envolvidas, mais a sociedade, para tentar fazer um programa que fosse bom para todos. O pessoal achava que era pegadinha. Ficavam esperando eu pedir alguma coisa, e eu não queria pedir nada; queria só o envolvimento das pessoas, da Secretaria de Governo, do prefeito, das empresas locais.

Para mim, esse projeto foi um divisor de águas dentro da Suzano. Eu já estava muito envolvido com iniciativas voluntárias, já coordenava o Programa de Voluntariado, mas ali eu percebi que tinha dado minha guinada para o lado social. Aquele projeto, que era de formação de colaboradores, acabou se tornando um projeto social. Começamos a implantar o conceito de capacitação nas pequenas comunidades para formar funcionários que pudessem tocar a obra e no fim tivemos um envolvimento muito forte com a sociedade local. Foi aí que o Maciel (Antonio Maciel, então presidente da Suzano) pediu que eu assumisse essa parte de Sustentabilidade, que tem um elemento social muito forte.

Troca de CEO

Quando houve a troca de CEO e o Walter entrou (Walter Schalka, atual presidente da Suzano), o esquema era outro: não era crescer, era buscar resultados. Aí, sim, entramos num outro ciclo da Suzano, um período de transformação cultural acelerada, ou seja, levar para todos os níveis os conceitos de empreendedorismo, autonomia e líderes inspiradores *versus* comando e controle.

O Walter foi muito genuíno e aberto e ouviu a nossa história. Ele fez questão de ouvir o que nós pensávamos a respeito da empresa. Os desejos dele eram muito próximos do que eu acreditava em relação à ideia de uma empresa mais contemporânea. Então começou um ciclo novo, uma nova relação de confiança que obviamente vai aumentando com o tempo.

Algumas iniciativas que eu tinha pensado em implantar no primeiro ciclo, mas que achei que não fariam sentido naquele momento, foram resgatadas. Por exemplo, o *action learning*, que é aquela ferramenta de treinar cruzando áreas multidisciplinares e resolvendo desafios reais. Quando começou o movimento de fazer coisas fora da caixa, sugeri a introdução dessa ferramenta e deu supercerto.

Também naquela época, introduzimos um processo mais rigoroso para trazer pessoas de fora. Estipulamos um modelo de remuneração variável mais agressivo ainda, adicional ao que a gente já tinha feito e que levava para um patamar competitivo. Esse modelo de remuneração nos deixou ainda mais competitivos, aumentou o engajamento, e a comunicação saiu fortalecida. A Suzano se tornou outra empresa.

Número 1?

Nunca descartei isso, mas como me identifico muito com esse propósito do RH de acreditar em ajudar as pessoas a irem além, acho que tenho mais a oferecer para a sociedade e para as pessoas atuando como um bom RH do que sendo líder de um negócio talvez menor. Várias vezes fiz essa reflexão. Como gosto muito desse lado social, uma das coisas que gostaria de manter é fazer um RH que olha para a sociedade, não só para dentro da empresa. Acho que o RH tem impacto na sociedade. Então, enquanto eu tiver esse alcance, acho que vou me realizar porque dá para fazer muito mais. A sociedade é gigante, a empresa é finita.

A área e o futuro

Acho que agora você vai ter uma pessoa que agrupa tudo isso na figura do RH. Vai ter um pouquinho do cara do sindical com um tantinho do psicólogo, com um tantinho do engenheiro e algo mais. E, na minha visão, esse algo mais é o lado social. O antropólogo, o sociólogo, enfim, um lado com capilaridade e impacto social. Agora, claro, quando vai contratar um RH você vai olhar quanto ele é sindical ou quanto ele é psicólogo? Não. Você vai olhar, hoje, quanto ele é voltado para o negócio, que é mais indo para o lado engenheiro de negócio. No futuro, acho que o foco será muito mais esse aspecto social porque tem de conectar as pessoas. As pessoas da empresa são parte do social e elas querem que a empresa na qual trabalham contribua para a sociedade porque elas usufruem daquilo, porque querem que o propósito delas combine com o propósito da empresa. Se a empresa não tiver ações coerentes com o que ela fala, com o que ela mostra, nada faz sentido.

5

FELIPE WESTIN

Sócio fundador da Westin
Desenvolvimento de Pessoas

Westin começou a carreira como estagiário de Recursos Humanos na Dow Química, em 1972. Nesse mesmo ano, foi convidado pela Mercedes Benz para ser analista de Cargos e Salários, posição que ocupou até 1974, quando voltou para a Dow Química como administrador de Salários para o Brasil. Em 1976, foi expatriado para os Estados Unidos e, em 1977, foi transferido para Salvador para contribuir na construção de um polo petroquímico. Em 1980, assumiu a gerência de RH da Dow no Guarujá e, um ano depois, recebeu um convite da Alcoa para gerenciar uma unidade de negócios não vinculada a Recursos Humanos. Essa passagem por outra área foi um dos fatores que chamaram a atenção da Monsanto, a empresa seguinte na sua carreira, onde assumiu – pela primeira vez – o cargo de diretor de RH. De lá, foi para a Bristol-Myers Squibb e então para a vice-presidência de Pessoas e Organização da Braskem, onde ficou apenas quatro meses – Westin aceitou o pedido da Bristol para voltar para a companhia. Foi na farmacêutica que decidiu encerrar sua carreira executiva, em 2008. No mesmo ano, assumiu a posição de diretor de Engagement Alignment & Change Management na Right Management, ligada à agência de empregos norte-americana

Manpower. Quase dois anos depois, abriu sua própria consultoria, a Westin Desenvolvimento de Pessoas. Hoje, além da consultoria, atua como conselheiro vitalício da ABRH-SP e conselheiro fiscal da ABRH Brasil.

Comecei minha carreira em Recursos Humanos em 1972, um momento crítico no país, com o crescimento do movimento sindical. Já havia naquela época a perspectiva de que o Brasil iria para um movimento de negociação. Nesse momento, a área se chamava Relações Industriais; afinal, a grande preocupação era gerenciar a força sindical. Gente boa de RH era quem vinha de uma base legalista e tinha um perfil mais carismático. O ambiente era rude, de muito embate. A Ford era uma grande escola de RHs. Na verdade, os bons funcionários de RH acabavam surgindo nas montadoras, pois lá era onde havia maior poder de negociação.

No setor automobilístico, havia figuras poderosas e respeitadas. Nessa época, a demissão era feita pelo Departamento de Pessoal, não pelo chefe. Daí a fama do "passa lá no DP" que existe até hoje em rodas de conversa. O líder de RH, portanto, tinha poder. Mas poder de capataz, de tirano, com *status* de vice-rei.

Diante da abertura do mercado brasileiro, a área começa a evoluir para uma relação de conversa direta com os empregados. Por esse motivo, o nome do departamento muda para Relações com Empregados, que não pegou por soar pejorativo. Mas o conceito era esse. O discurso era que o RH tinha de ocupar os espaços vazios para que o sindicato não avançasse. O nosso desejo era ser uma operação sem sindicato.

Crise de identidade

O Brasil sempre teve um modelo de gestão mais americano, e, com as teorias de Peter Drucker, o RH começa a ficar ainda mais perdido, porque os grandes líderes vinham de uma base legalista que estava ficando para trás. Acontece que ninguém sabia fazer o que o novo propunha. A área muda de conceito – passa a ser Relações com Empregados –, e, sinceramente, não sabíamos direito como agir. Até esse período, o espaço do RH era bem definido, muito técnico – havia o especialista em remuneração, o especialista em treinamento. Havia uma identidade, uma expectativa e um perfil definidos para a área. No novo modelo, falta gente preparada para assumir e fica evidente uma lacuna de líderes para a área. Então despontam a reengenharia, o foco em produtividade, a globalização, e percebemos que o rei não está nu.

Os líderes de Recursos Humanos começam a vir do departamento de Remuneração (lembrando que vivíamos num país extremamente inflacionado que nos obrigava a realizar até três aumentos salariais num mês). A fase de 1980 a 1990 foi híbrida, e o RH ficou muito perdido. Vivemos uma verdadeira crise de identidade.

Pré-RH estratégico

Foi na década de 1990, após essas redefinições de conceitos, que começamos a viver a demanda de que o RH precisava entender do negócio. O Brasil vinha num ritmo complicado de inflação, e a abertura de fronteiras adotada no governo Collor mudava brutalmente a Gestão de Pessoas no país. Aquela gestão técnica não funcionava mais, e começou a nascer o discurso do RH como parceiro do negócio. A minha primeira posição de diretor de RH foi em 1989, na Monsanto. Antes, trabalhei como estagiário de RH na Dow Química e como analista de Cargos e Salários na Mercedes Benz, onde fiquei até 1974.

Nesse mesmo ano, voltei para a Dow Química como administrador de Salários para o Brasil. Pela Dow, fui expatriado para os Estados Unidos e, depois, transferido para Salvador – a empresa tinha uma operação em Aratu –, para contribuir na construção de um polo petroquímico. Em 1980, assumi a gerência de Recursos Humanos da Dow no Guarujá. A Dow foi minha grande escola de RH. Era uma empresa muito avançada para a sua época e tinha grandes líderes de Gestão de Pessoas, como Sigfried Hoyler e Clovis Dutra. Mas, em 1981, eu recebi um ótimo convite para ir para a Alcoa, onde passei dez anos como gerente nacional de Remuneração. Depois, virei gerente da unidade de negócios de Químicos. Ou seja, fiquei dez anos fora do RH e dentro do negócio. Por que eu decidi sair da área nesse período? Porque o RH estava bitolado. Porém, em 1989, após ser contatado por um *headhunter* – o presidente da Monsanto, um americano, queria um cara de negócios para liderar seu RH –, me tornei diretor estatutário da Monsanto. Eu tinha 34 anos.

Nesse momento, percebi que a área estava começando a passar por uma mudança de perfil. Entendi que a demanda agora era outra, mas que poucos sabiam exatamente o que fazer. Ao mesmo tempo, os movimentos sindicais continuavam fortes.

Em 1994, nasceu a PLR – Participação nos Lucros e Resultados – no Brasil (que se tornaria lei apenas em 2000). Isso significava que havia um novo desenho para a função de gestor de RH, mas era preciso lidar com questões antigas. Era necessário navegar entre esses dois mundos, o que consegui fazer, pois acumulava experiência em remuneração (um conhecimento vital naquele contexto de alta inflação) e tinha passado longos anos no negócio. Naquela época, eu já tinha o perfil que estava começando a ser esboçado para a área. Um exemplo claro disso foi a própria PLR. Em 1990, eu trouxe dos Estados Unidos um programa de remuneração variável chamado Gainsharing. Era um sistema – pioneiro no Brasil – que pagava bônus para todas as pessoas, da fábrica ao presidente. Por ser um programa inédito, acabei dando muitas palestras sobre isso na época. Quando o governo lançou a PLR, ela era uma cópia do nosso programa da Monsanto. Por isso, eu me sinto, de certa forma, um dos pais da PLR no Brasil.

Gente × números

Havia preconceito, entre os líderes de RH, em pensar como "negócio" nessa época. Ouviam-se afirmações como: "Somos os caras de gente", "Isso é coisa do financeiro", "RH é uma missão". A palavra "gente" começa a invadir a área nesse mesmo período. É nessa época que os psicólogos introduzem os treinamentos ao ar livre, que depois se tornam alvo da expressão jocosa "abraçar a árvore". A Monsanto foi muito visionária ao identificar esse perfil quando ele ainda estava em formação.

Em 1995, fui convidado para ser expatriado. Fui com esposa e duas filhas (uma de 12 e outra de 16 anos) morar em St. Louis, no Missouri, onde assumi a posição de diretor da América Latina Norte até 1996. Na sequência, assumi a diretoria de Recursos Humanos das áreas de Tecnologia da Monsanto nos Estados Unidos, posição que ocupei até 1998. Nessa época, eu acompanhei de perto o nascimento do conceito Life Science e dos produtos de biotecnologia, conhecidos popularmente como transgênicos. Eu era o RH de 1,1 mil cientistas nesse período.

A empresa estava preocupada em desenvolver um RH com visão mais global. Preocupada com gente e já pensando na escassez de talentos. A demanda por um RH estratégico foi ficando cada vez mais forte, nos obrigando a entrar mais no negócio. Vivemos por muito tempo essa complexidade de sermos mais estratégicos e, ao mesmo tempo, humanistas. Por conta das várias aquisições da Monsanto (Searle Farma, Agroceres Sementes, Cargill Sementes, Braskalb etc.), acabei retornando ao Brasil.

A partir do ano 2000, dez anos após a nova identidade da área, começamos a migrar para um equilíbrio. É a época em que também nasce o movimento da liderança feminina no RH. Nesse período, das 150 Melhores Empresas para Trabalhar no Brasil, 100 tinham mulheres em cargos de liderança na área de RH.

O RH hoje

Ainda falta muito para o RH navegar no negócio. É preciso dar oportunidades para esse profissional sair da área. A visão dos líderes é ainda muito imediatista: tiram do negócio e colocam no RH. Deveria ser o contrário! E não adianta o profissional de RH fazer um MBA de negócio, ler livros de negócios etc. É preciso ir para o negócio.

Outro erro é jogarem gente de negócios no RH porque acreditam que "é mais fácil entender de gente". Acham que é só selecionar um profissional do *business* que se comunica bem, se relaciona bem com as outras áreas, que está tudo certo. Hoje, eu vejo um enfraquecimento brutal na parte técnica. Sou um crítico do *business partner* (na minha opinião, virou uma aeromoça do RH, um tirador de pedidos das áreas). Há muitas pessoas fracas em conhecimento de Recursos Humanos. As empresas ficam reinventando a roda o tempo todo e acabam repetindo coisas que se faziam há 30 anos. O CHRO precisa ter cabeça de negócio, vivenciar o negócio, participar do *board* e dar palpite no negócio, mas sem negligenciar o lado humano, sua essência. O desafio é resgatar o conteúdo técnico para saber tomar decisões e entender o negócio. E para isso não adianta colocar o cara de finanças na cadeira de RH. CHRO = negócio + técnico + humano. Encontrar esse balanço é o grande desafio.

6

GLAUCIMAR PETICOV

Diretora executiva adjunta do Bradesco

Graduada em Psicologia pela Universidade São Marcos, Glaucimar começou a carreira em 1984 em uma das agências do extinto Banco Econômico. Foi lá que, após vários convites, migrou para o departamento de Recursos Humanos. Ao fazer questionamentos pertinentes e provocar mudanças estratégicas na área, acabou se encontrando no RH. Sua primeira saída do Econômico foi para assumir, aos 26 anos, a gerência de R&S (Recrutamento e Seleção) da fabricante de tecidos David Bobrow, mas voltou para o banco com a missão de conduzir um projeto específico (implementar a parte do RH no Sul do país). Nove meses depois, deixou o Brasil para uma temporada de quatro meses nos Estados Unidos. Esse foi seu primeiro afastamento do mundo corporativo. O segundo foi quando decidiu estrear como sócia de uma empresa de confecção, que abandonou para retornar, mais uma vez, ao Econômico. No entra e sai do banco, assistiu às aquisições do Excel, do Grupo Safra e, mais tarde, do Bradesco. As transformações de cenário causaram mudanças nos títulos e nas responsabilidades da executiva, que apostou na força da educação para conduzir os diferentes estágios de maturidade da organização – ela é uma das pessoas responsáveis pelo sucesso da

UniBrad, a universidade corporativa do Bradesco, premiada internacionalmente. No currículo, além de uma pós-graduação em administração de RH pela FAAP – Fundação Armando Alvares Penteado, há vários programas executivos internacionais, como os da Columbia Business School e da Universidade de Michigan.

Recursos Humanos nunca foi uma área de interesse para mim. Eu gostava de Publicidade e Marketing e de entender as relações entre as pessoas. Queria fazer algo que tivesse a ver com gente. Por isso, prestei vestibular para Publicidade e Propaganda e também para Psicologia. Acabei optando por seguir o segundo curso, por acreditar que tinha mais a ver com meu perfil. Ainda na faculdade, comecei a querer trabalhar, mas não queria mudar o curso para o período noturno; portanto, teria de ser um lugar que aceitasse um horário alternativo, das 13 às 19 horas. E foi num banco que encontrei essa oportunidade. Era 1984, e fui trabalhar numa das agências do Econômico. Fiquei fascinada por aquele ambiente e, na agência, passei por vários cargos.

Assim que terminei a faculdade, me indicaram para um cargo gerencial na agência, mas apareceu uma vaga na área de Recursos Humanos e me puseram para concorrer. Minha imagem do RH era a de um grande Departamento de Pessoal que conferia cartão de ponto e carimbava papéis. No primeiro processo seletivo para a vaga, questionei todo o procedimento. Queria que tivesse mais relacionamento verdadeiro, mas era totalmente burocrático. Continuei na agência, até que apareceu outra oportunidade no RH, e novamente meu chefe me falou para ir. Novamente encontrei no caminho a mesma psicóloga da outra vez, que dizia que eu tinha de ir para o RH. Eu seguia sem vontade de realizar essa mudança, até que meu chefe, meu primeiro verdadeiro líder, me disse: "Vou ficar três meses sem preencher essa vaga aqui; vai lá para o RH, vê se tem a ver com você e, se não tiver, você volta". Depois disso, não tinha mais o que falar. Fui.

Burocracia na veia

Logo que cheguei ao RH, vi que a burocracia era verdadeira. Havia processos, laudos, fichas para preencher para todos os processos seletivos. Acabei conhecendo várias áreas do Banco Econômico, que tinha aproximadamente 20 mil funcionários e mais de 100 anos de existência. Pra ser sincera, achei tudo muito primitivo, mas vi que poderia mudar aquilo. Me encantei não pelo trabalho em si, mas pelas mudanças que poderia fazer. Eles me deram corda, e eu fui fazendo. Eu tinha a experiência da agência, onde o trabalho envolvia três faixas diferentes de clientes. Lá, éramos requisitados para ter novas ideias que atraíssem clientes. Percebi que no RH seria igual.

Vi nessa semelhança e abertura uma oportunidade de gerar processos um pouco menos burocráticos, praticando o respeito pelo ser humano. Era absurda a forma como se fazia recrutamento, por exemplo. Tudo começava com uma senha. Ao ser chamada, a pessoa comparecia ao balcão e começava a preencher uma extensa ficha com dados. Vários dados. Muitos que não faziam o menor sentido, como a profissão da mãe. O que alterava eu saber se a mãe trabalhava fora ou era do lar? O que eu fazia com essa informação? Além disso tudo, esse processo só podia acontecer de manhã, o que também me indignava. Toda vez que eu começava a questionar, alguém ria: "O que foi agora, Glau?".

Esse era o momento do RH, ou melhor, do Departamento de Pessoal. Nós éramos os próprios *headhunters* – não existia o movimento de buscar profissionais no mercado por meio de algum serviço. Fazíamos tudo internamente, por meio de referência. E eu adorava essa função.

O RH que temos hoje é completamente diferente, e acredito que as pessoas já têm uma imagem diferente da área. Não somos mais processuais. Vivemos uma revolução humana ao longo dos anos, e a nossa área viveu um impacto profundo. Receber um convite para ir para o RH não é mais visto como algo sem valor, mas como uma proposta interessante. Hoje trabalham na área de Recursos Humanos pessoas com diversas formações, como Design, Economia, Psicologia, Administração, Educação Física, Matemática e Engenharia. E tenho recebido muitos pedidos de profissionais de área de Negócios para ir para o RH.

Um lugar para ficar (e crescer)

Diferentemente do que imaginava, estava gostando do que fazia e avisei que iria ficar no RH. No primeiro mês, vi que tinha espaço para ideias novas. Esse foi o grande motivo de terem me levado para lá. No bom sentido, tive oportunidade de ser utilizada para gerar esse tipo de mudança. Durante os dois primeiros anos, me dediquei a provocar e instigar mudanças dentro de Recrutamento e Seleção. Conduzia processos de entrevistas para gerentes regionais e superintendentes, fazia dinâmicas de grupo para cargos iniciais, motoristas e caixas, para cargos técnicos e seniores. Nunca me interessei por atividades mais processuais.

Deixei o Econômico para implantar o RH na empresa têxtil David Bobrow. Como ocorria então na maioria das mudanças de profissionais, fui indicada e recebi o convite. Eu tinha certeza de que não agregava toda a experiência de que eles precisavam para a função, mas aceitei o desafio.

Eu tinha 26 anos quando assumi a gerência de Recrutamento e Seleção da David Bobrow. A primeira coisa que fiz foi contratar – inclusive selecionadores. Gostaria que o processo de recrutamento saísse daquele protocolo caseiro da indicação. Com esse objetivo, formei o time de Seleção. Depois, montamos algo voltado ao desenvolvimento. Criamos uma pequena área de treinamento. Foi do cruel ao êxtase. Fiquei mais dois anos lá e aprendi muito. Foi uma fase bem interessante, mas o Econômico me chamou de volta.

A mesma diretoria me pediu para voltar a fim de implementar a parte do RH no Sul do país. A proposta financeira era bem melhor, e, como eu tinha planos de dar uma parada para ficar um pouco com minha mãe, que morava fora, achei que seria um movimento interessante. Seria algo pontual e rentável. Assim, esperei ter uma substituta para minha função e voltei para o Econômico. Fui para Porto Alegre montar essa extensão do RH. Eu tinha liberdade para atuar e autonomia para recrutar. Fiquei nove meses lá, entreguei o projeto e pedi para sair.

O meu plano era esse. Meu pai havia falecido e eu tinha me comprometido com minha mãe a passar um tempo com ela nos Estados Unidos. Ela já estava morando lá. O banco queria me readmitir, mas eu precisava ir. Fiquei quatro meses nos Estados Unidos. Percebi que minha mãe estava adaptada com a família dos nossos primos e não iria voltar, mas eu não queria viver lá. Voltei e procurei a diretora de RH do Econômico, e assim retornei para minha função. Entrei novamente como psicóloga sênior e fui retomando todos os trabalhos.

Um passado empreendedor

Passaram-se quatro anos e comecei a querer empreender, mas não dentro de RH. Queria fazer uma coisa diferente. Juntamente com uma gerente do banco de quem eu era muito próxima, tivemos coragem e pedimos demissão para abrir nosso negócio. Saímos numa boa. Assim, montamos uma confecção de roupas esportivas, como moletom, camiseta, que chegou a vender para lojas como a 775 e a C&A. No começo, deu muito certo. Aproveitei o espaço da minha casa e o transformamos numa verdadeira confecção – corte, estampa, tudo. Foi uma mudança radical.

A dinâmica era outra: se eu vendia, tinha de entregar, e isso significava produzir. Quando atingimos um bom patamar, decidimos abrir uma loja. Esse foi nosso pecado capital. Quando vendíamos no atacado, tínhamos recompensa financeira. No varejo, a coisa muda muito. A loja, no bairro de Pinheiros, em São Paulo, foi assaltada duas vezes. Para mim, a experiência tinha acabado ali, no primeiro assalto, mas minha sócia insistiu. No final de semana do segundo assalto, a diretora de RH do Econômico foi à loja para comprar moletom para o filho. E, no meio da conversa, disse para voltarmos para o banco. Eu já queria voltar, depois dos assaltos, e vi naquilo um sinal. Minha sócia ficou com a loja (sofreu outros assaltos depois), e eu voltei para o Econômico. Assumi o gerenciamento da parte de Recrutamento, Seleção e Treinamento – que começava a ter um viés comportamental.

As mudanças no RH

Em todas as vezes que saí e voltei para o Econômico, percebi um RH diferente. As mudanças eram nítidas. Já estávamos em 1994, e o departamento começava a ter valor para a organização e a ser respeitado pelas pessoas. Era outro discurso. Havia uma oportunidade grande de começar programas de desenvolvimento gerenciais muito legais – eu trazia alguns casos das agências e os transformava em tópicos lúdicos para orientar os gerentes sobre como poderiam agir. Os cursos eram dados dentro das agências, como um treinamento experimental.

Passei seis meses em Salvador, na matriz do banco, com uma turma de mais 15 pessoas, fazendo um curso intensivo de formação de *business partners*. Aí, sim, conheci folha de pagamento, cargos e salários, remuneração, avaliação de desempenho. Quando aprendemos sobre avaliação de desempenho, pensamos: “Isso aqui não vai dar para usar!”. Voltei para São Paulo como consultora de RH para atender áreas preestabelecidas. Fazia atendimento direcionado, mas ainda coordenava a parte de treinamentos.

Compras, vendas e novas culturas

Estava indo tudo bem, até que fomos comprados pelo Excel, do Grupo Safra, que veio com outra dinâmica, mais moderna, com marketing ativo. O projeto de RH veio do BCN, que já entrou adotando um PDV – Plano de Demissão Voluntária. Fomos todos entrevistados e desafiados. "Se você quiser ficar, vai ter de provar que merece permanecer neste time", ouvi na entrevista. Estavam me testando. "Se é para provar, vamos lá, eu provo", pensei.

Ali tive o melhor exemplo de liderança da minha carreira. A Carmem Nigro Doro, diretora executiva de RH do Excel, mostrou o que era Recursos Humanos. Com a gestão dela, descobri que o RH não é um tirador de pedidos. O RH é para ser protagonista, não coadjuvante. Tem que entender do negócio.

Já havia notado as mudanças na área, mas a liderança dela foi decisiva para eu mudar de vez minha percepção do RH. Com a gestão da Carmem, era diferente. Ela sempre alimentava a importância do RH para o banco. Ela fazia parte do *board* de decisões e levava todo mundo. Com ela, acabei aprendendo o verdadeiro significado de RH: você se coloca como consultora, mas sua função é abrir e deixar as coisas mais claras. Foi a melhor vivência que eu tive e, consequentemente, meu melhor desempenho. A Carmem fazia com que o grupo tivesse autonomia – usando um verbo da atualidade, ela empoderava seu quadro. Tínhamos uma liderança participativa que nos questionava o tempo todo para que chegássemos à melhor solução.

Num curto espaço de tempo, o Excel iria ser posto à venda. Acabou comprado pelo Bilbao Vizcaya, que agregaria características espanholas ao banco: mais exigências e uma legislação diferente. A vivência passou a ser outra, e a Carmem saiu. Eu fiquei porque achava que era o meu momento. Estava me desenvolvendo e crescendo numa época em que o RH pedia por mudanças. Fiz o certo. Ali alcancei a superintendência e depois a diretoria; me tornei diretora de Gestão de Pessoas.

A influência europeia trouxe sofisticação à nossa gestão, e pudemos introduzir mapeamento de competências, bônus com indicadores, avaliação de desempenho. Nós ficávamos com os orçamentos das áreas e definíamos os bônus com base nas entregas. Era muito similar à Gestão de Pessoas do Unibanco, uma referência em RH na época.

Em 2003, o banco foi vendido. O Bradesco comprou o BBV. Num primeiro momento, notei que não teria como ser aproveitada. O processo era muito administrativo. Logo depois, porém, pensei comigo mesma: "É aqui que tem solo para arar. Por que não trazer para cá o que já aprendi de bom?".

Aqui, já existiam todos os cargos – eu não via espaço para nenhum cargo similar ao que eu exercia. Acabei entrando como gerente executiva chefe e fiquei bem chateada. Achei uma falta de respeito derrubarem quatro graus no meu cargo. A resposta que tive foi: "É o que temos; se você quiser, aceite". Mas uma força inexplicável me fez ficar. E ainda pensar além: é aqui que vou plantar minha árvore.

Luta pessoal

Não foi fácil. Quando uma organização é comprada por bancos menores, é mais fácil administrar. Num banco como o Bradesco, você representa uma ameaça maior ao *status* de quem já está lá. Levei muito tempo só apresentando o que a gente fazia, dizendo que era bom e tal. Eu diria que foi uma luta pessoal. Quando entrei na Cidade de Deus, em Osasco, São Paulo, senti que aquele seria o meu lugar.

Inicialmente, estruturei a área de Gestão de Pessoas e Mapeamento de Competências. As pessoas no Bradesco nunca tinham passado por mapeamento de competências. A carreira sempre fora interna. Ou seja, tudo se resumia a indicações.

Ao fazer o mapeamento, conseguíamos provar por que a Maria era melhor do que o João, até que um dia isso foi comentado com o presidente na época. Ele gostou da ideia e apostou nisso. Ampliamos nosso quadro. O Trabuco (Luiz Carlos Trabuco, atual presidente do Conselho do Bradesco), que estava no Rio de Janeiro e respondia pela vice-presidência do banco, nos pediu para fazer um trabalho de mapeamento lá. Fizemos e fomos muito questionados. No final da minha apresentação, porém, mostrei os resultados. Ele concordou, chamou as lideranças e, assim, ganhamos um pouco mais de espaço.

Em 2003, quando fomos comprados, o Bradesco tinha feito sua primeira segmentação de clientes. Isso era mapeamento de competências na prática, e, ao mostrar o resultado, ganhamos confiança. Começamos a deixar mais evidente a importância dessa atividade. Eu pedia para participar das reuniões a fim de mostrar a importância daquelas ações, mas a maioria negava. Quem abriu as portas foi a diretora do segmento Prime. Comecei a falar a linguagem da agência – eu conhecia aquele mundo –, e ela percebeu que eu realmente poderia ajudar o negócio. Na primeira reunião, claro, fiquei calada, mas tinha conquistado o meu espaço.

Fale – não importa seu cargo

Até essa época, a parte de treinamento era apartada do RH do Bradesco. Eu não me conformava com isso. Como devia simplesmente empurrar um produto para alguém que não precisava daquilo? Era o que acontecia. As pessoas faziam determinados treinamentos porque faziam parte do processo, não por necessidade.

Eu sempre tive clareza do protagonismo que devemos exercer na nossa carreira. Não seria um cargo que iria me impedir de falar. Quando o Trabuco assumiu a presidência, portanto, perguntei por que o RH não assumia a parte de treinamento. Não fazia sentido ter isso apartado. Conversei muito com ele sobre esse assunto até que um dia ele me disse: "Já que você fala tanto nisso, assuma o treinamento. Quero ver você cobrir os *gaps*".

Isso foi há cinco anos, e desde então demos uma remodelada total. Passamos por grandes mudanças, inclusive com a criação da Universidade Corporativa, a UniBrad. Não vamos treinar mais, mas sim desenvolver. Uma questão de mudança de conceito, de mentalidade. Passamos a trabalhar com competências que podem ser técnicas e comportamentais, e não mais com cargos. Foram longos meses de trabalho. Pedi assessoria da Marisa Eboli, referência em universidades corporativas. Um ano e sete meses depois, levantamos a UniBrad. Isso fez a diferença nos negócios. Quando muda o modo de atuação, você torna o desenvolvimento estratégico. Hoje, participamos dos grandes comitês da organização. Tem que ser um trabalho em conjunto.

É um processo curioso, pois, ao mesmo tempo que essa formação impacta o negócio, percebo o RH hoje muito mais humano. O nosso ambiente atual é muito mais colaborativo. Usamos muitos modelos diferentes como sala de aula – templos, eventos culturais, teatro, banda de jazz. Desenvolvemos outros sentidos e estímulos. Esse lado social é fundamental no momento que vivemos.

Acho que são quatro as fases mais marcantes do RH: departamento de pessoal, administração de pessoal, consultor de RH e parceiro estratégico. Vai de um escritório de produção para um patamar de respeito aos negócios e ao ser humano. Nesta fase, passamos a estimular as crenças, os valores e o propósito. As pessoas depositam a carreira delas na empresa – e aqui tem um caminho para quebrar isso; elas precisam se sentir importantes no que fazem. Tive a oportunidade de viver todas essas fases e meus sonhos foram administrados. Tive uma base forte – venho de uma família evangélica que sempre me apoiou.

Quando você não tem preocupação de perder o emprego, tem a oportunidade de fazer escolhas. Eu tive uma educação muito boa e aprendi que estamos na vida para sermos felizes, para praticarmos o livre-arbítrio. Por isso, meu humor é sempre muito positivo. Tento passar coisas boas para as pessoas – e, para isso, bom humor é fundamental. Nosso tempo é finito, e temos de ser opção – e não falta de opção.

Nosso legado

Tenho 14 anos de Bradesco e fui convidada muitas vezes para sair. Nem quis conversar. Aqui tenho um desafio que me preenche completamente. Sair do RH? Depois que entrei, nunca mais quis sair. Fiz uma especialização em Marketing, me envolvi bastante com comunicação, mas sempre dentro da área de Recursos Humanos. A minha grande força está na educação – ela é a base para a transformação. Hoje, a página mais visitada do Bradesco, depois da de segundas vias de boletos, é a da UniBrad.

Isso me dá muita satisfação, pois nosso país precisa disso. Tive algumas vantagens na vida e quero fazer o melhor para disseminar o bem. Transformar informação em conhecimento. Daqui sairão inovações e grandes projetos.

Temos hoje 68 consultores de RH com a tarefa de auxiliar líderes a deixarem seu legado, a encararem suas experiências profissionais não como um trabalho, mas como uma missão de atuação sistêmica, multidisciplinar, com foco nos indicadores estratégicos da organização, facilitando o fluxo de informação, comunicação, desenvolvimento e alcance dos resultados. A atuação visa ao alinhamento dos aspectos de gestão de Recursos Humanos com as necessidades das dependências e segmentos, por meio de parcerias com as áreas do negócio. A estrutura das atividades deve atrair, encantar e desenvolver profissionais, valorizando nosso modelo de carreira interna, construindo alicerces para gestão de Recursos Humanos, para aplicações personalizadas de capacitação e desenvolvimento, gestão de carreira e gestão de desempenho. Esse modelo de atuação amplia a noção de confiança e de entrega às necessidades dos clientes, por meio de modelos flexíveis, diagnósticos, critérios bem definidos e consistência nas soluções. Ao final do primeiro trimestre de 2018, contávamos com 68 consultores que atendiam todas as dependências da organização. Pela UniBrad passam 3.200 alunos por semana. Estamos em 14 capitais.

A base para o futuro está na educação. Muita coisa a tecnologia faz – e fará, ainda mais na nossa área. Mas como humanizar? Esse é o ponto. Como essas pessoas vão se requalificar para estarem prontas diante da tecnologia? Como fazer com que, ao longo do tempo, elas se preparem para continuar exercendo suas atividades e sendo queridas e desejadas pelo mercado? Esse é o nosso desafio, a nossa missão e a nossa entrega.

7

GUILHERME RHINOW

Diretor de Recursos Humanos
da Johnson & Johnson

Guilherme tornou-se RH com 28 anos, quando assumiu o cargo de gerente institucional de Desenvolvimento de Pessoas no Unibanco. Até então, tinha passado pelos programas de *trainee* da Credicard e da PricewaterhouseCoopers (PwC) e pela função de consultor de Gestão na consultoria organizacional Fischer & Dutra. Foi justamente na convivência próxima com as empresas que descobriu o interesse em Recursos Humanos – interesse, inclusive, que orientou sua tese de mestrado na Faculdade de Economia e Administração da Universidade de São Paulo. Visando experiência em uma empresa global, foi para a farmacêutica Novartis, no papel de gerente de Desenvolvimento para a América Latina. Aos 30 anos, tornou-se diretor de RH e participou do processo de fusão entre a Novartis e o braço de *agribusiness* da Zeneca. O sonho da experiência internacional concretizou-se somente no terceiro convite de expatriação, em 2005, quando foi com a família para Basileia, na Suíça. Quase dois anos após retornar ao Brasil, assumiu a cadeira de diretor de RH na Votorantim, de onde saiu após quase cinco anos. Participou do processo seletivo do Grupo Pão de Açúcar e da Johnson & Johnson, onde estabeleceu seu plano de carreira seguinte. Chegou à J&J em 2013, como diretor de RH da Divisão Farma, a Janssen. Hoje, atua como diretor de Recursos Humanos da J&J. Além de falar espanhol, inglês e um pouco de francês, traz no currículo especializações na Universidade Columbia, no Insead, na IMD Business School e no Instituto de Tecnologia de Massachusetts.

Estou em Recursos Humanos desde 1998, mas, diferentemente de muitos profissionais da minha geração, não caí na área nem vim parar aqui por acaso. Comecei como *trainee* da Credicard, um processo superdisputado: eram 2 mil candidatos para 12 vagas. Doze jovens de terno e gravata transitando por várias áreas da empresa. No segundo ano do programa, éramos alocados nas áreas. Fui para a área Comercial, trabalhar com canais de vendas, estruturar uma estratégia de terceirização por telemarketing e vendas pessoais. A seleção do programa foi tão rigorosa que já tínhamos a vaga garantida. Mas para onde iríamos? Depois de dois anos sendo paparicados, a gente ia para a vala operacional da empresa? Apesar de ter sido uma experiência incrível, não quis ficar. Aliás, dos 12 *trainees* apenas um continuou na companhia. Eu queria ter uma visão de diferentes indústrias, e foi na feira de recrutamento de universitários que o programa da PwC me chamou a atenção. Eu tinha apenas 22 anos, mas sabia que não queria virar especialista em cartão de crédito. Fui para a PwC como *trainee*, embora já fosse formado. O primeiro projeto, com a fabricante de fogões Continental 2001, tinha uma dinâmica industrial completamente diferente: como faço uma previsão de vendas integrada à manufatura para produzir fogões?

Essa era a época do *boom* da reengenharia e pipocavam projetos nas consultorias. A gente montou a célula e teria uma discussão do perfil das pessoas que ocupariam a célula. Na época, a base de avaliação era a análise grafológica (avaliação do perfil/personalidade do profissional com base na sua caligrafia). O consultor entrava na organização, fazia uma mudança no processo de trabalho e tinha de ter uma abordagem muito cuidadosa com as pessoas. A minha dúvida era a seguinte: o consultor entra, muda o processo de trabalho, mas e depois? A impressão que eu tinha era que, na hora em que ele saía, tudo voltava ao *status quo*. Como, então, implementar uma mudança sustentável? Perguntava isso para todos, mas ninguém me dava uma resposta. O máximo que eu obtinha era: "Faz uma dinâmica de grupo, envolve as pessoas".

Mestrado

Fui buscar respostas num mestrado acadêmico na Faculdade de Economia e Administração da Universidade de São Paulo (FEA-USP). Eu tinha um ano de formado, mas, por ter uma curiosidade científica e acadêmica estabelecida, fui aceito. Minha tese era "Como fazer uma mudança sustentável utilizando organização e métodos?". Conversei com meus chefes na PwC e, para conciliar o mestrado com o trabalho, eu teria de mexer na minha carga horária de trabalho. Negociei uma licença não remunerada e me comprometi a passar o conteúdo para eles.

Nesse processo, os professores Joel Dutra, André Fischer e Rosa Maria Fischer me convidaram para trabalhar com eles na consultoria Fischer & Dutra. No primeiro dia fui de terno e gravata. "Não precisa disso aqui, não", me disseram. Eles tinham um perfil mais acadêmico, a postura era diferente. Na PwC, o objetivo era ganhar rentabilidade e mandar os consultores adotar atividades com o maior valor agregado possível. Na Fischer era diferente. Quando vendi meu primeiro projeto, para a Unilever, teve até bolo! Aproveitei para fazer minha dissertação de mestrado sobre a Unilever.

Aos poucos, foi surgindo uma relação de sedução entre mim e as áreas de Recursos Humanos dos clientes. E começaram as conversas. Na Alcan, na Unilever – com a qual já me identificava demais por conta da minha tese. Eu ia fazer um mochilão na Europa nas minhas férias, para aprender inglês, e, na mesma época, a Unilever, gigante de bens e consumo de origem anglo-holandesa, estava trazendo para o Brasil o conceito de *work levels* e ninguém sabia ainda como fazer. Como iria a Londres, me prontifiquei a pesquisar o conceito e fui até a matriz da Unilever – um prédio maravilhoso. Essa atitude revelou para a Unilever meu lado empreendedor, e não demorou para vir a proposta: "Vem para cá implementar o *work level*". Aceitei na hora. Passado o fim de semana, liguei para a Unilever e disse: "Não vou mais".

Impulsividade

Esse foi um dos maiores erros que cometi. Não por não ter ido para a Unilever, mas por assinar uma coisa na empolgação e só depois avaliar. Fiquei com a impressão de que, se saísse de consultoria para entrar em Remuneração, iria ficar com a cara de Remuneração para sempre. Mas só analisei isso depois de assinar o contrato. O que, claro, não pegou nada bem. Nunca pega bem.

Talvez essa atitude tenha me ensinado a planejar melhor os passos. Passei a projetar no futuro aonde eu quero chegar, saber em qual causa vou entrar e, então, a partir disso, saber quais batalhas lutar e quais deixar de lado. Preciso saber qual o leão mais importante. Fiquei mais um ano na consultoria até que o Unibanco me chamou para a área de Desenvolvimento. Eu tinha 28 anos. Fui falar com o Joel e a Rosa, e eles me disseram que, quanto mais eu esperasse, mais caro iria ficar para as organizações, afinal eu já tinha um mestrado, mas não tinha ainda experiência no RH. "Então, se você quer ir, vá agora." Foi o que fiz. Mesmo o Unibanco não sendo tão charmoso quanto a Unilever, o convite era para atuar na área de Desenvolvimento, a área nobre de Recursos Humanos, e era onde eu queria estar.

Enfim, no RH

Virei RH com 28 anos, no cargo de gerente institucional de Desenvolvimento de Pessoas. O grande aprendizado foi descobrir a enorme diferença entre ser um consultor e um executivo. Consultor, todo mundo quer ouvir; executivo, todo mundo dá pitaco. Mas gostei disso. O consultor não tinha vínculo afetivo com as pessoas. Entrava e saía. Na vida executiva, esses vínculos faziam sentido. Fiquei um ano lá. Qual foi a frustração? Era só Brasil. Um *headhunter* veio me falar de uma posição na área de Treinamento e Desenvolvimento da Novartis. Eu só aceitaria se fosse regional, pois queria mais um país para cuidar. Aí veio a proposta para ser gerente de Desenvolvimento para a América Latina. Aceitei de cara. Não sabia o que era um herbicida, um inseticida, mas me empolguei com a ideia de ter uma abrangência regional. E fui.

No final desse ano, a Novartis se fundiu com a Zeneca para se tornar a Syngenta, uma empresa de biotecnologia. No mesmo ano, no mês em que completei 30 anos, me tornei diretor de RH. Eu era claramente o mais jovem dos três diretores jovens da empresa. Na nova cadeira, passei a ter outra função: *integration officer*. Iríamos até a matriz para entender com a McKinsey qual era o diferencial de integração das empresas. Eu, o CFO (*Chief Financial Officer*) e outro diretor novo. Foi nesse momento que começou a surgir meu interesse por fusões e aquisições. Passei por um processo muito difícil nesse período. O desafio da fusão foi enorme em termos de alocação de pessoas, e cometi alguns erros ao incluir certas pessoas na equipe, o que me trouxe outro grande aprendizado: a importância de colocar as pessoas certas no lugar certo. Quando isso acontece, o time vai bem melhor. E é muito bom ter gente boa e melhor do que você no seu time.

Próximo passo: expatriação

Por essa experiência com fusões e aquisições, apresentei outro projeto e fui aprovado no doutorado. Foi muito *punk* fazer doutorado e ser diretor de RH ao mesmo tempo. Quando a Dani, minha mulher, estava grávida do nosso primeiro filho, recebi o primeiro convite para ser expatriado, mas recusei. Veio o segundo convite, e eu estava nos créditos do doutorado. Disse um segundo "não". Veio o terceiro convite, a Dani estava grávida de novo, e era para trabalhar com fusões e aquisições – tema do meu doutorado. Era uma promoção bacana. Falei com a Dani e com a minha orientadora. A Dani topou. O André, nosso primeiro filho, estava com 3 anos. Minha mulher falou que ficaria até nascer o bebê. Negociei o tempo, a flexibilidade. Ela ficou e eu fui. Foi uma fase muito difícil.

Nasceu o Gabriel, e, quando ele tinha 27 dias, fomos os quatro para a Suíça. Eu tinha certeza de que teríamos de ir. Tinha muita clareza de aonde eu queria chegar. Foi uma experiência maravilhosa. Eu estava com a tese por fazer, uma nova configuração familiar, cargo novo, viagem e tendo de aprender alemão! De novo, tive de escolher quais batalhas comprar. Foram dois anos maravilhosos. Voltei promovido para a região da América Latina. Ia completar dez anos de Syngenta quando a Votorantim entrou na minha vida.

Uma nova indústria

Quando surgiu o convite, soube que nos últimos dez anos tinham passado oito diretores de RH na Votorantim Cimentos. A última tinha ficado apenas oito meses na posição. Fui falar com o Gilberto Lara (líder da área), que me achava muito novo para a posição. Aí conheci o Walter Schalka (presidente), e a sintonia foi gigante. Percebi nele uma intenção genuína de transformar.

Ele queria transformar a Votorantim Cimentos numa das melhores empresas para trabalhar, e ainda havia o desafio de internacionalizar o grupo. Eu sabia que tinha a habilidade e a sofisticação necessárias para topar aquele desafio. Era preciso entender a dinâmica de poder da América do Norte para implementar tudo o que era necessário no novo território. Passado um período, comecei a perceber a complexidade dessas operações, e foi nesse momento que o Walter comentou que estava saindo da Votorantim. Quando ele falou que estava indo embora, percebi que eu não trabalhava para a Votorantim, mas para o Walter. Eu tinha aliança com o CEO, e não com os pares. Outro erro evidente que eu cometi. Paralelamente ao fato de perder todo o tesão pela empresa, comecei a falar com o Gilberto que eu queria sair ou pegar o cargo dele e ser o *head* de RH da Votorantim. Mas no fundo eu já estava desconectado, já não estava mais dando o melhor de mim. E ele me tirou do Grupo.

Nesse meio-tempo, já estava analisando o mercado, mas, mesmo assim, foi difícil; minha carreira sempre foi ascendente. Participei de dois processos ao mesmo tempo: um no Grupo Pão de Açúcar e outro na Johnson. Fui até o final nos dois. Foram 15 entrevistas ao todo: sete no GPA e oito na Johnson. No GPA, havia duas oportunidades: lidar diretamente com a França, pelo Casino, ou trabalhar no Via Varejo. A vaga do Casino ficou para o Salvador (Antonio Salvador, ainda hoje à frente do RH do GPA), e eu não queria ir para o Via Varejo, em São Caetano do Sul. Assim, entrei na Johnson pela Janssen, a Divisão de Farma, e descobri uma indústria maravilhosa e uma empresa com um propósito muito forte. Vim para a empresa certa para o meu momento. Me identifiquei tanto que, após dois anos, virei líder de RH do Brasil, assumindo os braços das áreas de Consumo, Medical e Supply, o que corresponde a cerca de 7 mil pessoas. É um projeto de alta exposição global e um cargo bem desafiador. E lá se vão cinco anos por aqui.

RH no topo

Sim, sou carreirista, mas tenho clareza do papel da família. Não penso em ser presidente de empresa. Essa seria talvez a resposta politicamente correta diante da minha trajetória, e acredito que eu teria condições para assumir essa posição. Consigo me ver como líder de uma unidade de negócios, mas uma unidade de negócios com menos complexidade. Lidero gente, entendo de produtos, finanças, mas, sinceramente, acho que subir para a posição de número 1 seria um *downgrade* na minha carreira, pois não seria presidente de uma empresa como a Johnson, mas de uma empresa menor. E entre ser o *head* de RH de uma empresa global com a complexidade da Johnson e ser o número 1 de uma empresa menos complexa, fico com a primeira opção.

Eu acredito que, como RH, tenho uma missão maior de transformar as coisas, de impactar. É muito bacana estar em Recursos Humanos neste momento e perceber quanto essa área ainda pode ser desbravada. Ser CEO seria quase um desvio, seria menos atraente do que permanecer liderando a área de pessoas.

Mas, pensando em próximos passos, fui estudar e me certifiquei como *coach* pela Columbia. Estou com 48 anos, tenho ainda muita vontade de crescer, de impactar mais pessoas. Todos os meus movimentos foram muito cuidadosos. Qual o meu propósito? O caminho está claro? É com essas perguntas que vou analisando as oportunidades que surgem. E sou o protagonista da minha carreira. Acho que minha principal habilidade é ser um bom articulador, perceber as variáveis políticas e identificar onde vou colocar forças ou não.

O RH do futuro

O RH do passado é o que fez carreira na área. O RH do futuro deve transitar em outras áreas, outras esferas. É preciso buscar experiências diversas, não ficar apenas na trilha da área de Recursos Humanos. Vai para consultoria, para a academia, a área de Marketing, o Comercial. Hoje, o profissional de RH que fica apenas em RH é medíocre. Cada vez percebo menos a formação dominante na área – que já teve sua importância e seu impacto no passado. Hoje, o líder de Recursos Humanos pode ser alguém formado em Literatura. O que importa é sua capacidade de ler cenários e influenciar. É preciso saber articular, perceber as variáveis políticas, onde se devem colocar forças ou não. O líder de RH precisa ter clareza do valor que aporta. A área financeira descobriu sua identidade e o valor com que contribui. Se a área de RH não tiver muita consistência, profundidade e capacidade de articular isso no negócio, deixa de ocupar o espaço que ganhou. Esse espaço está desenhado, mas nem todo mundo está conseguindo ocupá-lo.

8

JOÃO DORNELLAS

Presidente executivo da Associação Brasileira da Indústria de Alimentação (ABIA)

Dos quase 34 anos de mercado de trabalho de Dornellas, 32 foram dedicados à Nestlé. O mineiro de 53 anos começou na empresa de origem suíça como supervisor de produção e, aos 38, recebeu o convite para assumir o Departamento de Recursos Humanos no Brasil. Até então, tinha acumulado experiência nas áreas operacional, técnica e de produção. Na Nestlé, chegou à vice-presidência de Recursos Humanos e Comunicação Interna e à presidência da Fundação Nestlé Brasil em 2007, além de conquistar seu primeiro assento em um conselho. Foi também em 2007 que participou do *board* da Fiesp – Federação das Indústrias do Estado de São Paulo. De lá para cá, contribuiu como conselheiro na Bionovis – Companhia Brasileira de Biotecnologia Farmacêutica – e na Fibria Celulose, de cujo conselho ainda participa. Com toda essa bagagem, decidiu abrir uma consultoria. A J. Dornellas iniciou suas atividades em 2014 e continua até hoje dedicada ao desenvolvimento de executivos e líderes de empresas. Em 2016, porém, Dornellas aceitou o desafio de voltar ao mundo corporativo ao ocupar o cargo de vice-presidente de Recursos Humanos do Grupo NC, dono da farmacêutica EMS, posto que ocupou até abril de 2018. Cursos de especialização, como uma pós-graduação em Gestão de Negócios pela Unifian e o de Recursos Humanos pela Fundação Getulio Vargas, assim como o MBA em Administração de Negócios pelo Ibmec, completam sua formação em Administração de Empresas.

Foi num jantar que descobri que estava sendo cotado para assumir a área de Recursos Humanos da Nestlé. Foi uma surpresa imensa. Nunca imaginei seguir carreira nessa área. Eu buscava outros passos dentro da operação – que era onde tinha começado e onde vinha crescendo. Mas naquele momento, sem perceber, estava sendo entrevistado por Paul Broeckx, então diretor de RH Global da companhia. Depois do jantar, recebi o convite. Fiquei muito surpreso, mas, assim que me mostraram os desafios, eu topei. Quando cheguei ao RH me senti confortável, me senti em casa – parecia que sempre tinha estado ali. E, aos poucos, fui percebendo que tudo o que eu tinha conseguido não era porque eu era bom, mas porque tinha a capacidade de formar equipes boas pra caramba.

Comecei minha carreira literalmente no chão da fábrica, como encarregado de produção, em Barra Mansa, no Rio de Janeiro. Depois, fui para São João da Boa Vista, também no interior, e vivi mais sete anos no México. Dos quase 32 anos que trabalhei na Nestlé, eu já estava havia 19 transitando entre as áreas Operacional, Técnica e de Produção quando veio o convite para assumir a de Recursos Humanos. Sempre estive ligado ao desenvolvimento de produto e à fábrica. Aqui incide um fator importante que pesou na minha escolha como líder de RH: as fábricas faziam parte do negócio, não eram um setor à parte.

Esse conceito reforçava uma estrutura em que, além de nos reportarmos diretamente ao diretor-geral, precisávamos conhecer absolutamente tudo do negócio. Desde cedo, portanto, eu tinha esse alinhamento entre o operacional e a estratégia. Ao mesmo tempo que me desenvolvia na produção, começou a circular o discurso (e a demanda) por um RH estratégico na companhia.

A Nestlé sempre teve um bom sistema de acompanhamento dos seus colaboradores e sabia identificar o desempenho de cada um. Certamente eu estava sendo observado para a área – para a nova demanda da área. Nesse ponto, o México foi importantíssimo para mim. Havia ali uma relação sindical delicada e muito estressante. Por motivos legais, em cada centro de trabalho (em cada fábrica e centro de distribuição) em que houvesse mais de 200 funcionários, precisava ter um sindicato. Imagine o que significava ter um sindicato local presente todos os dias. Havia praticamente uma negociação diária. Algumas mais fáceis, outras nem tanto. A relação era muito mais complexa que no Brasil, onde o sindicato é regional. Aqui você tem os metalúrgicos do ABC, por exemplo. Lá você teria o sindicato da Cofap, da Mercedes, da Volks etc. (apenas para comparar). No México, tínhamos 84 níveis hierárquicos apenas na fábrica. Cada um com um salário diferente. Se faltasse um funcionário de uma máquina, por exemplo, precisávamos negociar quem seria o substituto. Não era uma decisão baseada apenas na competência do substituto, mas também no seu salário. Quando eu fui para o México, era gerente de Produção. Após dois anos e meio, assumi a Gerência Geral daquela unidade industrial. Um dos meus primeiros desafios foi reduzir o número de níveis hierárquicos. No meu primeiro ano como gerente geral, diminuímos os 84 níveis para 14 e depois para 7.

Recebi várias tarefas difíceis depois do México, inclusive o fechamento de uma fábrica. Mas a maneira como lidava com cada uma delas era simples: a proximidade com as pessoas. Acho que essa mistura de conhecimento do negócio com o modo como lidava com a situação me colocou no radar da empresa, que prezava muito pela área de Operações. A outra habilidade era mais objetiva: a entrega de resultados. Trabalhei em várias linhas de produto e sempre bati as metas. Eu chamava atenção por meu estilo de liderança e por bater as metas em diferentes etapas.

Da fábrica para o RH

Depois de toda essa trajetória, recebi, em 2003, o convite para assumir a área de Recursos Humanos. Diante do novo desafio, fui entender o que eu tinha de fazer e procurei montar uma equipe muito boa. A missão era alinhar a estratégia do RH à estratégia do negócio, o discurso que estava em todas as multinacionais à época. Explicar isso era muito fácil, e estávamos vivendo essa fase na área de Gestão de Pessoas. Mas, na vida real, traduzir esse conceito na prática não é nada simples. Era preciso fazer com que o time todo entendesse que precisava entrar em campo e jogar a favor dos negócios, e não a favor da área de Recursos Humanos. Para isso, era preciso fazer mudanças estruturais. A Nestlé foi uma das primeiras empresas a ter o centro de serviços e a figura do *business partner*, modelo de David Ulrich adotado depois por várias outras companhias.

Como eu tinha sido gerente na fábrica de Araras, conhecia bem suas instalações e sabia que havia muito espaço vazio, por isso mandamos a parte transacional do RH para lá. O Centro de Serviços de RH, portanto, sai da matriz e vai para Araras, para atender a todos os funcionários. Naquele momento, não era fácil as pessoas entenderem essas movimentações: tirar a folha de pagamento, a administração de benefícios etc. Muita gente jogou contra dentro do próprio RH. O que aprendi é que mudar a cara da área de Recursos Humanos é quase um trabalho missionário.

Depois de seis anos ali, me tornei vice-presidente de Recursos Humanos e Comunicação Corporativa, acumulando mais uma função: era responsável por todo tipo de comunicação para fora da empresa, com exceção de marketing. Foi nesse momento que começamos a trabalhar fortemente com a liderança da companhia. Tínhamos de desenvolver outras lideranças e trabalhar a sucessão.

RH × Finanças

Hoje, falam muito sobre a parceria entre o líder de Pessoas e o líder de Finanças. Eu já vivia isso quando fui para Recursos Humanos. Trabalhava ao lado da área financeira, e foi dando muito certo. Nós praticamente juntamos o RH com Finanças, pois todos os assuntos devem passar pelas duas áreas (custo da mão de obra, formação e desenvolvimento, por exemplo). Para mim, não era um problema nem uma dificuldade ter de discutir com o CFO. Por ter vindo da área de operações, a minha maneira de medir resultados e desempenho sempre foi por meio de números. Até hoje, nesta empresa em que estou há dois anos, temos uma parceria total entre as áreas. Tem de ser assim. Essa não afinidade entre as áreas e seus líderes deve-se ao conceito antigo de que o RH representava apenas custos e despesas – o puro RH transacional. Quando o RH muda, o líder muda, a área muda e passa a mostrar de fato que está lá para apoiar o negócio, o olhar do CFO para tudo isso também muda. Afinal, a gente também trabalha olhando os números, e o RH existe para que a empresa tenha sucesso.

Mercado vivo

O VUCA (sigla que significa, na tradução do inglês, volátil, incerto, complexo e ambíguo para descrever o mundo hoje) é real. A prova disso é a minha própria carreira. Depois de quase 32 anos numa única empresa, trilhando uma carreira de sucesso até o cargo de vice-presidente da área, eu saio. Já tinha meu plano de conduzir uma consultoria em desenvolvimento, mas isso durou menos de seis meses porque me ligaram com algumas propostas que acabei aceitando. O que prova que o mercado está vivo e está diferente.

O desafio de voltar para o mercado corporativo depois dos 50 anos e tendo vivido uma vida inteira numa empresa não é nada fácil, mas mostra que estamos vivos, nos movimentando e que sempre temos o que aprender – e o que ensinar. Essa nova etapa da minha vida tem sido um aprendizado enorme. O Grupo NC está crescendo e vive um momento muito interessante. Numa empresa global, você tem um padrão de trabalho; de certo modo, tudo o que você faz, você acaba copiando um pouco, ainda que se leve muito em consideração o mercado local – como no caso da Nestlé, que tinha muita consciência da necessidade de satisfazer o consumidor da região em que estava, especialmente no Brasil, que era seu segundo mercado. Lá eu podia pensar como empresa global, mas com sabor local, o que sei que é muito difícil nas empresas globais de modo geral.

Em uma empresa nacional, o parâmetro é o mercado local, o que dá autonomia com algumas limitações. Numa empresa global, se você precisa, por exemplo, contratar um especialista em desenvolvimento de produtos, pode pedir ajuda para o mundo inteiro. Todas as regiões podem fornecer talentos. No mercado local, você não tem esse apoio global para trazer, desenvolver, formar pessoas. Seu mundo se limita ao mercado local. Mas essa limitação traz um desafio e uma responsabilidade incríveis (como cidadão). A gente deve encontrar pessoas aqui, desenvolver pessoas daqui e descobrir como este país é rico e como uma empresa pode apoiar o desenvolvimento da nação.

O momento do RH

Toda essa mudança de mundo, toda essa complexidade que estamos vivendo tem sido ótima para o RH. O mundo não é mais previsível – você não entra mais numa empresa sabendo o dia em que irá se aposentar. No novo cenário, o RH pode ajudar muito mais o negócio do que naquele previsível. Não é à toa que a área e o profissional de Recursos Humanos estão muito mais valorizados. O mundo caminhou para um lado em que ficou mais exposto o que sempre foi óbvio: no final do dia, quem entrega resultados são as pessoas. Por isso, a área será cada vez mais responsável por entregar (e justificar) os resultados da companhia. E esse é um movimento que não tem volta; ao contrário, ele se acelera especialmente em momentos de dificuldade. O importante é lembrar que devemos, sim, ser cobrados e entregar resultados, mas somos também os responsáveis pelas pessoas. Quando se busca um objetivo com muito afinco, às vezes é preciso dar um passo para trás. O sucesso está no equilíbrio.

Sacada de carreira

Um dia, caiu a minha ficha: não importa quão bom você seja, quantos idiomas você fale, você nunca faz nem fará nada sozinho. Vai se destacar sempre – em qualquer área – o profissional que tiver empatia, que souber se colocar no lugar do outro e entender suas razões.

Onde eu errei

Uma vez que você tenha um desafio novo e uma estratégia definida, não demore para tomar decisões. O brasileiro é bom para desenhar estratégias e, na hora de implementar, há sempre "os outros" que atrapalham. Existem pessoas que não se encaixam na engrenagem, na estrutura, no desafio, na estratégia. Mas a gente acaba deixando de tomar a decisão mais drástica: a de tirar essas pessoas. Conhecer esses "outros" e ter a coragem de tomar uma decisão rápida é um desafio diário. Todas as vezes que eu fiz essa leitura (de que não estava havendo a sinergia adequada) eu errei por esperar muito tempo para tomar a decisão (ou ainda não tomá-la).

9

JOSÉ RENATO DOMINGUES

Diretor executivo de Pessoas
e Sustentabilidade da Tigre

Entre 2006 e 2007, Domingues atuou na consultoria DBM Brasil (atual Lee Hecht Harrison, empresa de desenvolvimento de talentos e transição de carreira), onde teve uma conversa séria sobre o desejo de integrar, no futuro, o conselho administrativo, fator que passou a orientar suas principais decisões de carreira. Em 2007, foi da consultoria para a empresa de papel e celulose International Paper, como diretor de Recursos Humanos para a América Latina. Na IP, começou a aproximação com a alta liderança, o que marca até hoje seu jeito de trabalhar: para esse paulistano, é a parceria entre o CEO e o CHRO que torna o RH realmente estratégico. Ocupou a posição de vice-presidente de RH na fabricante de alumínio Novelis em 2011, quando a multinacional passava por uma transição em seu modelo de negócio e iniciava o projeto de globalização dos executivos, o que possibilitou a sua primeira experiência efetiva em um conselho. A convite do CEO Otto von Sothen começou, em 2014, um novo ciclo, como diretor de Pessoas e Sustentabilidade na Tigre, fabricante brasileira de tubos, conexões e materiais hidráulicos. Em 2016, acumulou a diretoria executiva da Tigre Soluções para Água e Efluentes. Hoje, tem cadeira cativa no *board* do grupo. No currículo, também se destacam o projeto de recolocação dos executivos do Comitê Olímpico Brasileiro e a experiência como sócio fundador da consultoria Zumble. A história na Zumble, iniciada em 1994, contribuiu para a troca do curso de Engenharia Mecatrônica na Universidade de São Paulo pelo de Administração de Empresas na Escola Superior de Propaganda e Marketing. Passou pelo Programa de Educação Executiva da Harvard Business School e, aos 46 anos, é um dos integrantes do comitê executivo da Tigre.

Minha história começa com uma enorme frustração. Eu sonhava em entrar no ITA – Instituto Tecnológico de Aeronáutica. No terceiro colegial, fui tão teimoso que só prestei vestibular para o ITA. Tomei um pau gigante. Sou o caçula de sete irmãos (incluindo dois adotivos), e, no ano seguinte, meus irmãos não me deixaram prestar somente o ITA, apesar de eu ter feito um ano de cursinho especializado para esse vestibular. Foi a primeira vez na vida que pensei que seria bom ter um plano B. Estudei, prestei o vestibular e, em janeiro de 1989, saiu o resultado. Eram 120 vagas, e eu fiquei na posição 124. Havia ainda o exame médico, que tradicionalmente eliminava uns dez candidatos. Relaxei. Tinha certeza de que estava dentro. Mas apenas dois saíram. Fui até São José dos Campos, pois não acreditava na informação. Até que um enfermeiro me disse que, pela primeira vez em dez anos, apenas dois candidatos tinham desistido. Chorei durante duas horas na calçada da faculdade – e virei a página. Ali, tive um grande aprendizado: se você perdeu, vire a página e siga em frente. Assim, me matriculei em Engenharia Mecatrônica na Poli-USP.

O ingresso na universidade para mim representou uma mudança de vida. Eu vivia no Guarujá com meus pais e vim para São Paulo morar em república. Andar de ônibus aos 18 anos numa cidade grande foi difícil. Estava por minha conta, e o mundo não estava me ajudando muito.

Nos primeiros dois anos de faculdade, você descobre que aquele aluno bacana do colegial não é o mesmo na universidade, e, na minha primeira prova de Física, tirei 0,5. O nível de desistência na Poli era superalto.

No final do primeiro ano, fui procurar o professor de Introdução à Engenharia Mecânica, Clemente Greco, pois não tinha certeza se Engenharia era meu negócio. Nessa conversa, ele me ofereceu um estágio em uma consultoria em Engenharia. Logo no início, o engenheiro-chefe da empresa me perguntou se eu estava com a minha identidade, pois iríamos para Camaçari subir numa torre, num polo petroquímico, para fazer uma tomada de velocidade de uma chaminé para projetar o sistema de ventilação de uma fábrica. Foi superbacana.

Pelo fato de ser uma empresa de consultoria em Engenharia, lidava com problemas complexos. Descobri que gostava muito de consultoria e nada de Engenharia. Mas, depois de toda a luta para passar numa boa faculdade, não tinha coragem de dizer para minha família que não iria terminar o curso. De tanto conversar com o Greco, ele fez uma entrevista de carreira comigo e, no final, me deu uma recomendação: "Em vez de fazer Mecatrônica, vá para a Química, lá você poderá projetar processos e utilizar as características consultivas".

Poli Júnior

Fui convidado para ir para Poli Júnior (empresa júnior de Engenharia da USP), onde fiquei nos três anos seguintes. Eu oferecia um negócio que ninguém tinha lá: gestão de projetos, fluxograma de processos. Virei diretor de projetos e, no terceiro ano, presidente da empresa júnior. A Poli abria portas. Em 1993, surgiu o convite para participar do primeiro encontro internacional de empresas júnior, na Suíça. Fomos falar na diretoria da Poli para tentar um patrocínio. O reitor falou com o executivo de Marketing da Varig, que topou bancar nossa viagem. Éramos eu, da Poli Júnior, um cara da FGV e um da Unicamp, nesse congresso.

Durante o voo, ficamos pensando como iríamos retribuir a Varig pelo patrocínio. Estávamos decididos a anotar absolutamente tudo no congresso. Mas a sorte ajudou. A gente quase perdeu o voo de Milão para Lausanne e, quando entramos no avião, vimos na primeira fileira o Joelmir Beting, que estava indo para outro congresso. Durante o voo, escrevemos um bilhete contando o que estávamos fazendo ali. No final, entregamos o bilhete para o Joelmir e falamos: "Somos estudantes, estamos sem grana e só viemos para esse congresso por causa da Varig. Você se importa de dar essa nota na sua coluna?". Ele respondeu: "Me passem as informações, e eu vejo o que faço". E a nota saiu no *Estadão*! Ali, aprendi outras duas lições de vida: a importância de aproveitar as oportunidades e a de ter uma boa rede de relacionamentos. *Networking*!

Pela exposição que tivemos no retorno do congresso, o Sebrae entrou em contato com a Poli Júnior. Em um mês tivemos 20 projetos, o que representava o volume de um ano. Em um ano, saímos de 25, 30 pessoas na empresa júnior para 150. O desafio, especialmente o meu, que era o presidente, era fazer a gestão daquilo tudo. Para nos ajudar, recebemos quase que de mão beijada o pessoal da Accenture (que, à época, ainda se chamava Andersen Consulting). Eles recebiam muitas demandas de empresas pequenas que não podiam pagar. Aí choveu projeto: de 20 subiu para 180 no ano.

Virou de fato algo muito importante, mas o modelo de governança exigia a mudança de gestão no ciclo seguinte. A minha dor era deixar a presidência e o negócio afundar. Fomos falar com o pessoal da FEA – Faculdade de Economia e Administração –, e a Maria Tereza Fleury (diretora da faculdade) nos disse: "Vocês têm necessidade de aprender rapidamente o que deve ser feito e garantir que a próxima geração de diretores também aprenda tudo rápido. O desafio de vocês é de aprendizagem". E nos indicou o livro *A quinta disciplina*, de Peter Senge.

Jovens empreendedores

Achamos o livro péssimo e não entendíamos como outras pessoas pensavam que era ótimo. Descobrimos que os outros haviam lido em inglês e nós, em português. Ao fazer a comparação, percebemos que o livro em português era praticamente outro. O original era realmente muito bom. Mandamos uma carta para o editor da Best Seller, editora que publicou o livro no Brasil, e ligamos para o MIT. Conseguimos falar com o Peter Senge e dissemos que o livro dele em português era muito ruim. Passados uns 15 dias, o editor da Best Seller nos ligou, nos chamando para uma conversa. Nós fomos para essa conversa morrendo de medo. "Que servicinho que vocês me fizeram", ele nos disse. O autor queria que nós fizéssemos a revisão técnica do livro.

A gente introduziu a metodologia da Quinta Disciplina na Poli Júnior. E gostamos tanto do resultado que começamos a comentar com nossos amigos. Alguns falaram com seus pais, empresários ou empregados de empresas. E, nesse boca a boca, dois dos pais perguntaram se a gente não queria dar uma palestra sobre o tema. Foi assim que nasceu a Zumble, nossa empresa de consultoria. Nós já queríamos empreender, e eu já estava com a cabeça fora da Poli. A essa altura, eu já tinha até prestado o vestibular da ESPM para Administração com foco em Gestão. Foi duro contar para minha família que iria desistir da Poli. Ficou combinado que, a partir dali, era tudo por minha conta.

Por esse motivo, comecei a trabalhar como estagiário na Monsanto, em 1994. Eles queriam um engenheiro na área de Recursos Humanos – algo supervisionário na época. Mas, na minha cabeça, aquele estágio era para pagar as contas. Eu queria montar um negócio com a turma da Poli. No mesmo ano, montamos um grupo de trabalho para construir o que seria a Zumble. Gastamos muito tempo nas nossas reuniões: 100 horas de fita cassete. Nosso primeiro *brainstorming* gerou 114 possibilidades de negócios – desde beneficiamento de palha de coco até criação de escargot. No final, a ideia mais óbvia foi a que amadureceu mais rapidamente: vamos vender treinamento! Éramos 11, e o mais cético do grupo, que achava que aquela conversa toda não iria dar em nada, foi quem batizou o negócio. No meio dessa aventura, eu tinha ainda a nova faculdade e o estágio, que tinha virado um programa de *trainee*. Eles me pediram para desenhar o programa, ou seja, eu seria cobaia de mim mesmo.

O consultor empreendedor

Para montar a Zumble, tínhamos de tomar logo de cara a primeira decisão estratégica: o carro de quem a gente teria de vender? A empresa começou efetivamente em 1995, quando fechamos o primeiro projeto para a Chevron, empresa do ramo energético. Prometemos um monte de coisa que não sabíamos fazer. Pegamos o adiantamento e fomos para os Estados Unidos. Ficamos três meses em Boston, dentro do MIT, onde conheci o Organization Learning Center, onde os pesquisadores desenvolviam teoria, ferramentas e práticas, as consultorias apoiavam as empresas e as empresas patrocinavam o centro. Saímos de lá com a metodologia, algumas parcerias de livros e material didático para ensinar o cliente e ainda com uma carteira de clientes que poderíamos acionar no Brasil. Aí a minha carreira começou a mudar: não pensava mais em não ser um empresário desse negócio. Um dos sócios saiu, e os quatro que ficaram na empresa estabelecemos uma regra: de 1995 a 1998 cada um de nós passaria três meses no MIT, enquanto os outros três ficariam aqui, carregando o piano. O que ia para lá trazia conteúdo e fazia parcerias. Compramos o carro seis meses depois de abrir a Zumble e, depois de mais seis meses, a consultoria já dava retorno.

O grupo de mídia RBS foi o segundo cliente, e o negócio começou a decolar. Foram 11 anos de Zumble. Aumentamos para seis sócios – trouxe mais dois de cabelo branco. Passei a ter dois papéis: formar os consultores internos e integrar a metodologia de aprendizagem organizacional com a educação corporativa e o planejamento estratégico. Nesse período, concluí a faculdade e me casei. A fase era de investir em gente e fazer o negócio prosperar.

Sete anos depois, a Zumble tinha 75 consultores, seis sócios e uma carteira de clientes bem relevante. Trabalhávamos com o conceito de consultores associados. Na festa de dez anos de empresa, em 2004, convidamos algumas pessoas, e duas delas mudaram a história da Zumble: Marcelo Cardoso, que foi nosso cliente na Hedging-Griffo, atual Credit Suisse, uma das maiores instituições financeiras de *private banking*, e Vicky Bloch. Marcelo tinha acabado de aceitar a proposta da Vicky para ser copresidente com ela na DBM. À época, a DBM havia sido vendida para um fundo de *private equity*, e ela chamou o Marcelo. A Vicky fez uma bela gestão da transição em dois anos e meio, e o Marcelo nos chamou para ajudá-los na parte de cenário, para desenvolver uma estratégia para o futuro. A coisa mais complicada é ser consultor de consultor!

Superpragmática, ao final de uma das reuniões, a Vicky listou os dez maiores clientes da DBM e perguntou: "Quem são os dez maiores clientes da Zumble?". Oito eram os mesmos. "Estamos brigando pelo bolso dos mesmos clientes. Vamos juntar", ela disse. No final da história, fomos vendidos para a DBM em 2005, com uma cláusula que obrigava o negócio a gerar lucratividade conjunta suficiente para nos remunerar como sócios. A nossa decisão não foi simples, mas pragmática. Deixamos de ser consultores e passamos a ser gestores de uma empresa de consultoria.

Virei gente grande

Meu período na DBM foi uma fase de amadurecimento profissional. Virei gente grande. Foi ali que a Vicky me fez a maior provocação sobre a minha carreira: "O que você se vê fazendo daqui a 20 anos?". Eu tinha 34 anos e, no mesmo prédio em que ficava a sede da DBM, havia acabado de nascer o IBGC – Instituto Brasileiro de Governança Corporativa.

O Brasil estava indo para o caminho da Governança Corporativa, e eu senti que a gente iria precisar de mais sofisticação nos conselhos de administração. Respondi que, dali a 20 anos, eu me via como conselheiro profissional e acreditava que a minha experiência de consultoria, tanto do lado de gente como do lado de estratégia, iria me ajudar muito. Ela finalizou: "O plano está ótimo, mas até lá é bom você sentar numa cadeira de executivo".

Durante meu trabalho na DBM, entregamos um projeto para a International Paper. A IP dobrava sua capacidade produtiva de um dia para outro – e a equipe triplicava. Nós precisávamos planejar como lidar com esse novo grupo que estava vindo. Em dezembro, entregamos o projeto para o presidente da International Paper, o chileno Jorge Máximo Pacheco, uma figura fantástica que, posteriormente, foi ministro da Energia da Bachelet. Em fevereiro, ele me ligou. Disse que havia gostado do plano, mas que não tinha gente para implementá-lo na companhia. Foi assim que ele me convidou para ser diretor de Recursos Humanos da International Paper.

Eu dei a ele três "nãos": 1) você já tem um diretor de RH; 2) eu trabalho na DBM e nosso principal negócio é *outplacement*, portanto tenho quatro diretores de RH fazendo *outplacement* neste momento, ou seja, posso apresentar os quatro a você; 3) vendi a minha empresa para a DBM e tenho de entregar resultado e ficar até julho. Ele não aceitou nenhum dos três "nãos" e decidiu esperar. Falei que ele poderia esperar, desde que conhecesse os quatro candidatos e contratasse uma empresa de *executive search.* Eles contrataram a Russell Reynolds.

Na hora, não fiquei com vontade de ir. Ao longo do tempo – entre fevereiro e julho –, além de participar das entrevistas (foram pelo menos oito conversas com a Russell, a Vicky e o Marcelo), fui me convencendo. Fui construindo um pensamento racional para aceitar o convite: tenho um ótimo plano de trabalho por, pelo menos, três anos; não sei se tenho equipe, mas será a primeira coisa que vou fazer; meu conhecimento de remuneração é muito básico, e tenho pesadelos quando penso em relações sindicais (como falar com sindicalistas?). Aceitei e contei com a sorte.

Do outro lado do balcão

Encontrei um cara de relações trabalhistas sindicais que estava na empresa havia 25 anos, o Mauro. Fiz um pacto com o Mauro: ele me ensinaria sobre relações trabalhistas, e, em troca, eu ensinaria a ele qualquer coisa de RH. Fiz algumas reuniões com ele, e o Máximo me orientava a não me deixar enganar por ele. Fui transparente e disse para o Mauro que sua credibilidade na empresa era péssima e que a única forma de acabar com o mito de que ele não era uma pessoa confiável seria ele abrir para mim a caixa preta que operava. Meu nível de competência nesse assunto era zero.

Valeu muito a experiência na DBM para saber se eu realmente acreditava nele. E eu acreditei. O que ele fazia era tão complexo e envolvia tantas variáveis que ele não conseguia passar isso para ninguém. Naquele momento, o Mauro me perguntou o que eu propunha. Eu disse que queria e precisava entender o que ele fazia e precisava ir com ele a todas as reuniões. Trabalhamos quatro anos juntos. Um dos momentos emblemáticos da minha relação com o mundo do sindicato foi durante um almoço: eu, o Mauro e o presidente do sindicato de Mogi-Guaçu. A questão de *compliance* era muito forte na IP – isso eu aprendi muito rapidamente. Quando acabou nosso almoço, veio a conta e o presidente do sindicato não se mexeu. "Cada um paga a sua", eu disse. O cara estranhou. Expliquei que trabalhávamos em uma empresa americana e que minha relação com ele não poderia ter nenhum vínculo de interesse. Ele me xingou, colocou o dedo na minha cara. O Mauro disse para eu não fazer isso, e eu disse a ele para nunca mais pagar almoço para o presidente do sindicato e valorizei sua posição, pois eu não iria mais falar com o sindicato.

Onde amarrei meu burro?

As questões mais técnicas eram muito difíceis. Tive diversas conversas na sala do Máximo – pensei em voltar muitas vezes –, ele me sacava muito bem. Dizia: "Se você desistir, quem falhou fui eu porque eu te trouxe – e quero te confessar uma coisa: eu detesto errar, então me ajuda a acertar". Muitas vezes ia para casa em dúvida e pensava "Onde amarrei meu burro?".

Era muito intenso, muito racional. Eu entrei no RH como diretor, numa empresa onde os diretores cresceram pela parte técnica. Precisei ter muita humildade para aprender e fazer perguntas operacionais e básicas, por exemplo: "Quando você diz 'rodar a folha' significa o quê?". O meu compromisso era fazer perguntas. Para o meu time, eu já me apresentei dizendo que não era um diretor de RH. Eu sabia muito de liderança, desenvolvimento de líderes, formação de equipes e desdobramento de estratégia, os campos em que eu iria entrar. E abri minhas fraquezas: operação, sindicato, papel de *businesses partner*.

Eu sabia ser consultor, mas não sabia ser executivo. Fiz muitas perguntas, mas deixei claro para o time que não era para ninguém se sentir ameaçado. Eu perguntava não porque queria mudar a forma como eles trabalhavam, mas sim porque precisava entender e aprender para depois discutir as formas. Assim que entedia o processo, eu voltava com uma agenda para ver como podíamos melhorar. Eu tinha pressa em aprender e mostrar que tinha aprendido. Pressa de mostrar resultado também; afinal, eu sabia que a diretoria estava me testando. Teve gente que demorou bastante para me qualificar como diretor de RH, mas eu tinha o apoio do presidente, o que fez toda a diferença.

Erros e acertos

Nessa ânsia de querer andar rápido, atropelei as relações. Na verdade, deixei de construir relações. Às vezes, eu esquecia da equipe. Aquele papel que temos, como RH, de dizer as coisas duras, eu não fiz. Acabei dourando a pílula muitas vezes. O presidente me dizia que meu papel era ser diplomático. E diplomático é aquele que te manda para aquele lugar de um jeito que você fica com vontade de ir – mas ele te manda!

Além do Máximo, tive outro grande parceiro na IP: Paul Karre, o diretor de RH Global, que ficava em Memphis e a quem eu me reportava diretamente. Ele fazia reuniões semanais com a equipe – algo que carrego até hoje. Aprendi com ele a dar ritmo ao RH, além de entender os processos. Ao entender a forma, os meios e os caminhos (havia fábrica que tinha seis sindicatos, por exemplo), aprendi que algumas áreas de RH precisam ser tocadas como processos. Foi então que eu trouxe para a equipe a organização do David Ulrich (a figura do *business partner*, o centro de *expertise* e o centro de serviço compartilhado). Implementamos de fato um Centro de Serviços Compartilhados na IP.

Parceria CEO e CHRO

Enquanto o Máximo esteve na IP, eu tive um baita parceiro ao meu lado, que me dava credibilidade, que apoiava as mudanças. E isso é fundamental na relação entre CEO e CHRO. Quando ele deixou a empresa (foi para a Bélgica), chegou outro executivo, um francês. A minha relação com ele era totalmente tensa.

A experiência de fazer a transição de um presidente, porém, foi muito legal. Você se envolve com absolutamente tudo, desde as coisas simples, como achar uma casa para o executivo e a escola para os filhos, até as mais difíceis de equalizar, como garantir que ele tenha entendido como o modelo de negócio funciona e as relações entre as pessoas. Tanto eu quanto ele anotávamos tudo o que falávamos nas reuniões – tenho 28 horas de conversa registradas.

A importância do *networking*

A minha ida para a Novelis foi bem curiosa. Quando eu ainda estava na DBM, em 2006, fizemos o projeto de planejamento de pessoas para o Comitê Olímpico Brasileiro. Uma das coisas que precisávamos fazer era desenhar todo o fluxo de pessoas. Isso envolvia todo o processo de contratar, treinar, fazer integração e, depois dos 16 dias dos jogos, desligar todos. Esse processo durou 20 meses.

O fluxo começava com 50 pessoas, chegava a 1,5 mil no período dos jogos e, ao final, ficavam apenas 100, para fazer os relatórios durante o um ano e meio seguinte. Para entender esse fluxo, fiz reuniões com um monte de gente técnica, e nada deu certo. Até que os consultores técnicos do Comitê disseram que iríamos aprender isso com o pessoal na Austrália ou em Washington, por suas experiências passadas com Jogos Olímpicos.

Optamos pela viagem mais barata, Washington, e tivemos ali uma cooperação fantástica. Na primeira reunião, uma cara colocou o projeto numa planilha de Excel, e estava tudo pronto. Saímos com o *people plan* dos Jogos Pan-Americanos do Rio de 2007 em seis horas e de graça. Como sobravam quatro dias de viagem, perguntei quem mais entenderia disso e poderia ajudar. Me indicaram o pessoal da NFL e da NBA.

Na NBA, o projeto era mais complexo e o *people plan* era fantástico. Fui falar com o responsável pelo projeto, o VP de RH da NBA, Eric Drummond. A conversa também foi incrível, e conheci uma pessoa maravilhosa. Trocamos cartões de Natal nos anos seguintes e mantivemos contato, inclusive quando saí da DBM.

Três anos depois, já fora da DBM, o Eric me mandou um e-mail dizendo que estava voltando para a indústria e me pediu ajuda. Não dava para não ajudar um cara bacana como aquele. Programamos três conversas por telefone. A empresa era nada menos do que uma startup com três anos de vida e valor de 11 bilhões de dólares chamada Novelis.

Em 2011, o presidente da IP pediu para eu tocar um projeto da Argentina (era a compra de uma empresa de embalagens de papel-cartão). Numa das idas para Buenos Aires, fiquei preso no hotel por causa da erupção de um vulcão e, já que não tinha o que fazer, me enfiei numa Convenção Internacional de *Talent Management* que acontecia ali mesmo. Paguei os 500 dólares, tomei banho e desci para o jantar, que era o começo da palestra. Quando olho as plaquinhas com os nomes, leio "Eric Drummond". Mandei um SMS para ele, falando que estava lá no hotel.

No dia seguinte, tomamos o café da manhã juntos, e ele me disse que estava procurando um diretor de RH para a Novelis. Parou o café e me disse: "Pode me indicar quem quiser, mas só se você não quiser vir". Saí de lá realmente convencido da posição, mas indiquei a ele a Egon Zehnder para ajudá-lo na seleção. A Novelis estava procurando não só o VP de RH, mas também um novo CEO. Na semana em que cheguei, houve a integração com o velho CEO, substituído uma semana depois.

Tirem os pangarés da frente

Quando o novo CEO, Marco Palmieri, assumiu em 2009, aconteceram muitas trocas de pessoas. O modelo de negócios também iria passar por uma grande mudança: o objetivo era deixar de ser uma empresa com 70% da receita vinda de lata para ser uma empresa com 70% de receita oriunda do mercado automobilístico. Para executar essa virada, no entanto, tivemos de mudar a cabeça de pelo menos 200 executivos. Era preciso mudar de uma mentalidade local para uma mentalidade global. A estratégia do Eric para isso foi primeiro globalizar o RH, para o próprio RH servir de um indutor de comportamento para a empresa.

O CEO global, Philip Martens, oriundo da Ford, não só entendia muito bem a lógica da indústria automobilística como era uma pessoa extremamente audaciosa e ambiciosa. Na primeira vez que reunimos o time de RH global, a mensagem dele foi clara: "Tirem da frente os pangarés, porque o desafio que temos a partir de agora é grande; se o cara não entender ou não quiser fazer, ele vai atrapalhar".

Todos nós, os quatro vice-presidentes globais, tínhamos o tempo, os recursos e o time distribuídos da seguinte forma: 70% na região e 30% em projetos fora da região. Além disso, participávamos de todos os comitês globais de Gente. Havia um comitê mensal sobre mudanças no dia a dia. Também aconteciam as *people reviews*, que eram os momentos das reuniões grandes e bianuais para discussão de 9 Box, avaliação das pessoas, do potencial. Nas *people reviews*, nós selecionávamos 250 executivos do mundo inteiro para avaliar durante três dias, como todo o comitê executivo (os diretos do Phil e o time inteiro de RH global).

O chão abriu

Depois de oito meses de Novelis, sofri um solavanco, que foi a demissão do Eric. Fui para lá para trabalhar com ele, e de repente o cara sai! Quando a Leslie, que foi a substituta dele, assumiu a posição, ela comunicou a saída dele olhando para mim. Foi estranho, porque parecia que eu ia embora junto. O bom da maturidade é que, em vez de pensar que eu seria demitido, tive o seguinte raciocínio: se o projeto continua sendo esse, o meu teste de consistência para ficar com ela vai ser esse.

No dia seguinte, tive uma conversa com a Leslie. Ela perguntou se eu iria ficar e eu disse que sim, desde que ela mantivesse o projeto. Óbvio que eu tinha ido para a Novelis por causa do Eric, mas também porque era muito importante para o meu desenvolvimento profissional. Também tive uma conversa relevante e sincera com o Phil Martens. Disse que estava perdendo a confiança nele e que todas as pessoas estavam com medo. Eu podia entender os motivos para ele ter tomado aquela decisão, mas era importante que ele tratasse aquela situação de forma aberta com as pessoas, do contrário ninguém acreditaria nele. Ele me ouviu e começou a conversar com as pessoas, inclusive com os regionais.

De fato, depois de um ano da saída do Eric, a Leslie não mudou nada do que eu gostaria de fazer aqui. Começamos a ter discussões maiores quando, em 2012, foi preciso fazer um corte de orçamento grande, porque não íamos fechar o resultado. O nosso RH era rico. Tínhamos um supercentro de treinamento em Atlanta que era de cair o queixo. Pessoal de Harvard vinha dar aula nos nossos programas, para você ter uma ideia. Ou seja, eu estava numa empresa rica, com um RH rico. Então, quando tivemos de fazer esse corte no ano seguinte à saída do Eric, descobri o quanto a Leslie estava pressionada por custos: ela exigia um nível de detalhamento do orçamento que foi complicado.

Era o lado chato do trabalho. Mas havia desafios legais. Um deles foi a decisão de tirar uma pessoa que tinha 32 anos de empresa mas claramente não jogava no time, remava contra e atrapalhava. No entanto, era um cara respeitado no mercado, conhecido no meio. Para que a saída dele desse certo, eu disse para o Palmieri que precisávamos trazer um cara *top* para substituí-lo. Era o único jeito de as pessoas entenderem a nossa decisão e apoiarem.

O *headhunter* Arthur Vasconcellos, da CTPartners, consultoria de seleção de executivos, topou o desafio e foi atrás de um profissional de destaque para substituir esse funcionário no Comercial. E ele achou esse cara: o Manfred Stanek. Na época, o Manfred era o CEO da US Steel, uma empresa que a Votorantim Metais tinha comprado nos Estados Unidos. Antes consultor, tornou-se executivo comercial na Votorantim Metais. O Manfred era austríaco, mas morava no Brasil. Era uma pessoa com a cabeça global que nós queríamos. Depois de alguns "nãos" e "talvez", o Manfred acabou aceitando. A colocação do Manfred deu muito certo. O time entendeu perfeitamente.

Sobre demissões

A demissão do então executivo comercial não foi fácil. Pela primeira vez, demiti alguém junto com o presidente. Tínhamos muito medo do que ele podia fazer. Ele realmente não acreditava no que estava acontecendo. Tivemos de nos cercar de todos os lados: escolta, acompanhamento até a sala, pegar o computador, não deixar que fizesse cópia de absolutamente nada. Disse que enviaríamos a lista dos arquivos que estavam no computador para ele escolher o que gostaria de receber. Aquele foi um dia ruim na minha vida. Fui para casa mal, mas tive de reconhecer que, se não fizéssemos daquele jeito, corríamos o risco de acontecer algo pior.

Eu já tive de demitir algumas pessoas, obviamente. Por fraude, umas dez. E essa é a pior conversa, porque o cara não reconhece o que fez. Houve uma demissão por justa causa por motivo de fraude que o advogado topou fazer porque nós precisávamos dar um choque na International Paper sobre esse assunto. Os outros casos de fraude geraram demissão, mas não por justa causa, porque é difícil reunir provas e o jurídico não topa entrar. De pares, já demiti sete ou oito. De demissão de executivos de alto nível, acho que foram entre 15 e 20.

Os movimentos de uma empresa global

O melhor *feedback* que eu tive na minha história de RH foi de um gerente de vendas, um cara relativamente tímido. Nós entramos no elevador do prédio da Novelis, trocamos um bom-dia, e ele ficou me olhando por uns segundos até falar: "Agora entendi o seu trabalho". Melhor *feedback* impossível! Ele estava querendo dizer que meu papel como RH era elevar o padrão da empresa, colocar a Novelis em outro patamar.

Aconteceram outros dois movimentos lá fora que foram críticos para a empresa e, consequentemente, para minha carreira. O Phil já estava havia quatro anos na posição e resolveu dar uma mexida no time. Todos eles eram VPs seniores e presidentes regionais – América do Norte, Europa, Ásia e América do Sul. O cara da Ásia foi embora e veio um indiano. O cara dos Estados Unidos foi demitido porque não conseguia de jeito nenhum se relacionar com os caras da automotiva. Foi aí que o Phil fez o convite para o Palmieri ir para a América do Norte. E então o Tadeu Nardocci, outro brasileiro com mais de 30 anos de empresa, que estava na Europa, viria para a América do Sul.

Quando o Palmieri foi para os Estados Unidos, sofri, mas entendi que aquela movimentação fazia todo o sentido. Quando o Tadeu chegou, ajudou muito no momento da implantação do negócio, duplicando a capacidade de produção da fábrica de Pindamonhangaba. Ele conhecia muito bem o negócio, conhecia muito bem a fábrica. Inclusive me ajudou na definição do tipo de perfil que deveria estar lá.

Naquela época, estávamos vivendo uma pressão de custo altíssima. Então, deixamos de ser um RH rico. Ao mesmo tempo, levei outro balde de água fria: a vinda do Manfred fazia parte de um projeto maior, que era colocá-lo como sucessor do Palmieri. Como o Palmieri saiu logo, não deu tempo de preparar o Manfred. Com as movimentações dos outros VPs, abriu uma posição global de Estratégia e

Comercial e o Phil escolheu o Manfred para ocupar esse cargo, indo contra o projeto que eu tinha em mente. E isso foi um fator importante para eu repensar meus passos seguintes.

Naquele momento, percebi que eu não cabia mais. Tive duas conversas com a Leslie para entender de fato qual era o plano para mim. Olhando pelo lado do negócio, eu, no lugar do Tadeu, não ficaria comigo. Os contratos ficaram todos globais; não tínhamos nenhuma negociação aqui no Brasil. Aliás, esse era outro argumento do Tadeu para não querer uma estrutura aqui. Os contratos de automobilística eram todos feitos lá fora, nenhum no Brasil. O RH regional ficou só tático, então era um RH que precisava de muita velocidade, muita eficiência, mas replicava tudo o que a matriz mandava.

O fechamento de Ouro Preto

O único desafio que me restava era fechar a fábrica de Ouro Preto, o que aconteceu no segundo semestre de 2013. A fábrica tinha 340 funcionários, e foi todo mundo mandado embora. Em 2010, a Novelis havia fechado uma fábrica na Bahia, no estilo "fecha e depois avisa", o que gerou um passivo enorme. Tivemos de reintegrar gente três anos depois, porque perdemos (e com razão) na Justiça. Para não correr o mesmo risco em Ouro Preto, primeiro lembrei todo mundo desse episódio; depois chamei o Christian Cetera, à época diretor de treinamento e desenvolvimento para a América Latina da GE, para ele contar como havia fechado a fábrica da GE Celma, no Rio de Janeiro. Em sua apresentação, ele disse que avisou o pessoal um ano antes que iria encerrar as atividades da fábrica. Ninguém acreditava que era possível agir dessa maneira.

Depois desses argumentos, toparam executar o projeto. Chamamos a DBM para ajudar em todo o processo de transição, montar o centro de orientação de carreira e preparar essas pessoas para saírem. Tudo isso com um ano de antecedência. Foi a primeira vez que fechei uma fábrica. Adotei o seguinte princípio, que compartilhei com os diretores: temos de fechar essa fábrica de um modo que nos orgulhemos disso. Não podemos perder credibilidade com os que saem nem com os que ficam. Se você faz um fechamento ruim de uma fábrica, quem fica não acredita mais em você.

Nessa época, o Tadeu viu que eu já estava "arrastando o chinelo" e me perguntou: "Como é que eu te motivo?". Eu disse que, para mim, o processo de fechamento da fábrica era algo difícil de fazer, mas que gerava aprendizado. Também disse que tinha outro negócio que eu gostaria de fazer. Na IP, eu estava envolvido em M&A (fusões e aquisições, na sigla em inglês). Eu tinha feito M&A de compra e agora, como estávamos vendendo as PCHs (pequenas centrais hidrelétricas que apareceram no meio do fechamento da fábrica de Ouro Preto), eu gostaria de fazer um M&A de venda. Ele me olhou firme e perguntou como encaixaria o cara de RH na equipe que era de Planejamento Estratégico e Finanças para fazer o M&A, mas entendeu que isso era supermotivador para mim.

Não sei como foi a conversa do Tadeu com os outros dois diretores envolvidos com o M&A, só sei que eles apareceram na minha sala um dia e disseram "Vamos?". E aí eu entrei no projeto de vender as PCHs, o que foi superlegal. Isso me deu ânimo porque eu ia aprender! Fui me metendo no projeto e, no final das contas, estava ajudando a definir preço de energia elétrica junto com o Financeiro e a diretora de Estratégia. Esse foi o meu último projeto na Novelis.

A conquista da liberdade

Tirei férias em janeiro, fui para a Disney com a família e, enquanto estava lá, recebi um SMS do Otto von Sothen, CEO do Grupo Tigre, falando a respeito de uma vaga e perguntando se poderíamos conversar.

Eu respondi que estava de férias, mas que estaria de volta em 15 dias. Conseguimos marcar só em março.

Quando sentamos para conversar, em 15 minutos ele já tinha me convencido. Eu estava procurando uma empresa brasileira. Era a história de poder estar perto do conselho e ser o ramal. Talvez pela frustração de não poder ir para Atlanta quando estava na Novelis (houve uma possibilidade de expatriação que não se concretizou por motivos familiares), foquei em achar uma empresa brasileira que tivesse boa governança, um conselho de administração legal, um CEO que fosse parceiro. Quando ele começou a contar o que era a Tigre, achei que a oportunidade tinha um potencial muito bacana.

A minha história com CEOs é muito forte, e eu acredito que esse elo forte de confiança é fundamental para o sucesso profissional do executivo de RH. As mudanças de CEO acabam balançando um pouco a base. A relação do CEO com o RH é uma relação de confiança. O cara vai me contar coisas e vai me perguntar coisas que envolvem confiança.

Quando o Otto contou a história dele e o motivo de estar na Tigre, me convenceu. Ele me disse que foi para a Tigre, em primeiro lugar, porque a família o surpreendeu: são pessoas *low profile* que querem, de fato, fazer a diferença na vida dos outros. O segundo ponto que influenciou foi o presente de poder gerenciar uma marca como a Tigre. E o terceiro motivo foi a liberdade. Tinha cansado dessa história de multinacional.

Sem dúvida, essa é a empresa em que tive mais liberdade. Até então, o meu nível de liberdade se resumia a ter a ideia, colocar no PowerPoint, discutir com o chefe, ele levar para o chefe dele, fazer a apresentação para o *board*, o *board* negociar com os acionistas e, aprovado o projeto, cascatear para baixo. Isso tudo levava entre seis e oito meses. Aqui, tenho a ideia, viro para o Otto – que senta ao meu lado – e peço a opinião dele. Vamos para o quarto andar para falar com o Felipe (que é o acionista), ele nos pede uns três slides para apresentar ao conselho. Ou seja, o caminho é o contrário. Ele já comprou a ideia. Desse modo, as coisas caminham de forma muito mais ágil. Outro dia, compilei uma listinha do que já fiz na Tigre. Em 15 anos em outro lugar, não faria o mesmo tanto de coisas que fiz na Tigre em três anos.

Maturidade do RH

Quando comecei na Tigre, percebi um atraso nas práticas de Recursos Humanos; o motivo era que, por opção, a empresa tinha ficado sem RH durante muitos anos. No entanto, em um ano e meio conseguimos mudar isso. Trouxe pessoas de multinacionais justamente para agregar essa experiência internacional com ferramentas sofisticadas. A encomenda do CEO foi colocar o RH em outro patamar, e foi o que fiz.

Acabamos de executar uma nova mudança. Dois anos e meio depois do meu ingresso na Tigre, falei para o meu time que essa estrutura do Ulrich (que dividia as funções do RH em centros de Serviços Compartilhados, Centros de Especialização e Parceiros de Negócio, os chamados *business partners*) já estava obsoleta. Ela é útil para quando você não tem uma estrutura ainda. Naquela época, nós já tínhamos um time composto de *business partners*, especialistas e o Centro de Serviços Compartilhados. Depois que ela já está instalada, principalmente do lado dos *business partners*, você não precisa mais daquele modelinho.

Então sugeri que refizéssemos a estrutura. O jeito mais simples seria contratar uma consultoria, falar para eles o que queríamos, eu aprovar com o conselho. Mas reforcei que o time deveria desenhar a nova estrutura e trazer uma proposta. O time fez sozinho essa transformação na estrutura, entre outubro de 2016 e fevereiro de 2017. É um time que joga muito junto e, obviamente, briga por causa disso.

Uma área em transformação

Quando entrei no RH, era demandado de um diretor que tivesse bons processos. Bons processos de recrutamento e seleção, bons processos de desenvolvimento, boas ferramentas de avaliação, bons processos transacionais. Os RHs de sucesso tinham caras que conseguiam desenhar, implementar e fazer bons processos funcionarem.

O segundo estágio, que talvez tenha aparecido de cinco anos para cá, é o da exigência por qualidade. Depois que o processo está rodando, o que faz diferença é gente boa. *Business partners* muito bons, profissionais de talento, ou de liderança e cultura, bons pra caramba. A exigência é de que não só o diretor de RH seja bom, mas toda a sua equipe.

Para a função específica de diretor de RH, um cara que discuta negócio. Discuta no sentido de concordar ou discordar; "bater-boca" com o CFO, com o cara de Operações, apresentando argumentos e apontando caminhos, mostrando com dados o porquê de algo. Isso significa, por exemplo, contratar uma empresa antes de a fábrica fechar, montar um time de gestão de mudança, treinar os profissionais internamente. Tudo isso custa muita grana, portanto você precisa ter dados e provar que aquelas medidas são as mais interessantes para o negócio. Na hora em que eu mostrava como o dinheiro voltava para nós, eles concordavam. Com isso, você ganha credibilidade, os caras se convencem da sua importância e passam a chamá-lo antes para as conversas.

Esse é um grande salto que o RH teve. O mais legal do RH hoje, nesse ambiente em que as pessoas, e não mais o processo, fazem a diferença nos negócios, é você ser consultado antes de qualquer pessoa. O outro salto foi o RH ajudar o negócio – e ajudar mesmo – a construir estratégias e futuro, não mais com base em resultados financeiros, mas com base em talento, competência, cultura – os elementos que, de fato, ajudam a construir um bom negócio.

Para isso, no entanto, é preciso ter uma postura diferente – e talvez aí esteja o maior desafio do RH. Outro dia, fiz para o Otto e para a nossa CFO uma apresentação de um modelo supersimples, ainda em Excel, em que juntamos na mesma página três informações cruciais para qualquer gestor de pessoas. Falei para olharmos para os 100 gerentes da Tigre e, depois, cada diretor vai olhar a sua equipe. Ali estavam, na mesma página, a remuneração do profissional (quão longe ou perto do mercado ele está), se ele é uma pessoa indicada no plano de sucessão ou não e o 9 Box. Começamos a cruzar essas informações e saiu muita coisa legal. O slide seguinte mostrava como os caras que estavam no Box 1, 2 e 3 (ou seja, seu nível de desempenho × potencial) estavam sendo remunerados. Aí, tinha gente que estava 10% abaixo da faixa, tinha gente que estava 35% acima. O que eu faço com um cara do Box 1, alguém com um desempenho de muito destaque, que está 35% acima do mercado? Eu promovo ou dou um desafio maior para ele? Afinal, ele está ganhando mais do que a função. Dessas análises, estão saindo todas as decisões agora.

Essa é claramente uma ferramenta de Analytics que o meu time fez com o Excel, mas o próximo passo é transformar essas informações em um relatório automático, usando a base de dados. As informações de sucessão estão lá, as informações de 9 Box estão lá, as informações de remuneração estão lá. Vamos transformar esses dados em um relatório que o gestor vai consultar ao pensar em preencher uma vaga ou fazer uma promoção. Afinal, essas são as três coisas para as quais um gestor deve olhar para tomar decisões sobre as pessoas: capacidade de ir para a frente; se é ou não uma pessoa que precisa ser desenvolvida para sucessão; e como essa pessoa está sendo remunerada em relação ao mercado.

Existe um grande desafio hoje de criar esses relatórios, essas visões com base em dados, trabalhar com a base de dados que temos para tomar decisões sobre gente. As decisões mais importantes são as das pessoas porque são elas que vão tomar as outras decisões do negócio.

Sucessor do CEO

Eu acho que o Otto ainda tem um ciclo para cumprir na Tigre. Do ponto de vista pessoal e financeiro, ele pode sair na hora que quiser, mas acho que ele quer entregar para os acionistas as coisas que ainda faltam, entre elas seu sucessor. Penso que, para ele, entregar o sucessor é um ponto importante.

Acho que, se o conselho me fizer o convite um dia, eu assumo. Estou adorando o processo de preparação, as nossas conversas mudaram muito. Mantivemos o mesmo nível de confiança e transparência, mas agora ele me cobra muito mais. Cobra o resultado do negócio, cobra o planejamento extremamente detalhado de um projeto ou de uma idcia. Ele está me ajudando a ser mais rigoroso com números, com dados, com plano, com projeto.

Isso me coloca mais próximo do projeto de ser conselheiro. O Rocco (Ricardo Rocco, da Spencer Stuart) me disse que, de cada oito RHs que ele coloca para serem entrevistados para uma cadeira de conselho, um vai. Todos os outros são CEOs, *heads* de negócios, comerciais e financeiros. Não é só por ter pouca gente. Acontece que os conselhos e mesmo os *headhunters* não estão preparados para entender que um RH pode e deve ir para um conselho. A não ser que seja uma demanda específica do cliente. Portanto, a orientação que recebo dos *headhunters* é – se eu tiver a oportunidade de ser CEO – para eu sentar, sim, na cadeira, ainda que seja por dois ou três anos. Esse movimento vai ajudar muito no meu projeto de ser conselheiro.

O RH em dez anos

Os profissionais de RH são fracos no lado de negócios, de modo geral. Se você quer me ver desesperado é abrir uma posição para a qual não tenho candidato e preciso ir para o mercado. É tanta gente ruim! Por falta de formação, de qualificação, de experiência. Por tudo o que você puder imaginar. E a área ainda não é sedutora para quem se forma, porque, até chegar ao nível de gerente, é tudo muito árido. Dependendo da empresa, se os processos não forem bem organizados, é difícil. Para mudar isso, o caminho é a automação e a melhoria de processo. Só assim quem fica de fato no RH irá agregar valor ao negócio.

Como eu disse, o grande desafio é pensar em sistemas e em como esses sistemas vão interagir, se relacionar. Agora, se isso significa o fim do RH, se isso vai ocupar mais tempo, acho que ainda vai uma década para acontecer. Porque, ao fazer isso, esse cara necessariamente vai passar pela discussão do quem. Quando você chega a essa pergunta, você chega ao RH. Então, por esse princípio, acho que dificilmente é uma área e uma função que acabam. Acho que ela muda, evolui, se transforma, como acontece em várias áreas.

A receita básica de toda boa estratégia é, a partir da estratégia de crescimento do negócio, ter alguns habilitadores. Melhores processos para ser mais eficiente, melhores pessoas para esse negócio, cultura e sistema. Como habilitadoras da estratégia, as pessoas estão ali. O que vem mudando – e acho que essa evolução ainda vai continuar – é a inversão de valores. A empresa identificava pessoas como habilitadoras, mas colocava um cara de negócio rápido para poder gerar dinheiro e não priorizava gente. As empresas que eu acho que conseguiram mudar muito a sua forma de gerir gente foram as que inverteram esse negócio, como a GE. A GE hoje não cria um negócio colocando dinheiro nele. Ela primeiro desenvolve as pessoas, preparando-as para o futuro negócio e, então, coloca essas pessoas para criarem o negócio.

Antes, as decisões eram tomadas seguindo a lógica "Puxa, comprei o negócio e agora vou achar as pessoas que vão tocar isto aqui". E o RH era demandado nessa hora. Um RH muito mais passivo do que ativo. Isso já mudou.

10

LILIAN GUIMARÃES

Conselheira de Administração, consultora de RH e vice-presidente da ABRH-SP

Lilian construiu boa parte de sua carreira no setor financeiro, começando pelo Unibanco, onde entrou como analista de Cargos e Salários *trainee*, em 1984. Graduada em Administração de Empresas pela Fundação Getulio Vargas, a paulistana começou sua trilha como especialista em remuneração e, aos poucos, foi abrindo o leque na área. De 1986 a 1991, trabalhou no Citibank, onde começou como analista de remuneração e chegou a gerente de Benefícios. A convite da consultoria Hay do Brasil, tornou-se consultora de *compensation* (remuneração), mas voltou para o segmento financeiro em 1993, assumindo a posição de gerente sênior de Planejamento e Desenvolvimento e RH no Banco Nacional. Em 1995, assumiu a área de RH do Banco Interatlântico. Teve uma passagem rápida pelo setor de tecnologia e retornou ao setor bancário em 2000, como diretora de RH do Banco Real. Seis anos depois, durante um período sabático, estreou como empreendedora. Em 2008, retornou ao banco, já adquirido pelo Santander, como diretora executiva e, posteriormente, vice-presidente de RH. Sua última experiência como executiva de Recursos Humanos foi na Natura, empresa em que atuou por dois anos como VP de Pessoas e Cultura. Saiu em 2015, mas não se desligou do mundo corporativo. Hoje, é membro do Conselho Administrativo das Lojas Renner, vice-presidente da Associação Brasileira de Recursos Humanos São Paulo (ABRH-SP), conselheira da ONG Instituto Ser Mais, consultora e mentora. Em 2016, concluiu o Programa de Desenvolvimento de Conselheiros da Fundação Dom Cabral.

Escolhi o RH por gostar das matérias mais humanas da faculdade, mas isso era uma exceção nos cursos de Administração. Dos aproximadamente 40 alunos da minha turma, fui a única a seguir carreira na área de Recursos Humanos. Meu primeiro estágio foi numa empresa de prestação de serviços que queria se modernizar. Quando me formei, os donos da empresa, para quem eu me reportava, me convidaram para ficar. Era 1982, e não existia área de RH naquela época. Era Departamento de Pessoal mesmo. A empresa em que eu trabalhava era focada em colocação de mão de obra temporária. Por meio desse trabalho, tive a oportunidade de conhecer muita gente *top*, pois lidava diretamente com alguns líderes que se destacavam na época, como um pessoal do Citibank. Tive a sorte de conhecer gente muito boa logo no início da minha carreira. Mas a empresa era pequena, e eu não tinha muita perspectiva. Para onde iria? Casei, saí da empresa e fui procurar emprego. Na época, a gente procurava emprego recortando anúncios de jornal, no grosso Caderno de Classificados. Foi assim que encontrei o anúncio do Unibanco procurando por *trainees*. Graças à minha prévia experiência, me contrataram como analista de cargos e salários – a área mais valorizada naquele tempo.

Fiz parte de uma turma muito boa e fui liderada por um profissional muito bom de negócios. A gente fazia curva de cargos e salários na mão e tinha uma enorme vontade de crescer. Fui gostando cada vez mais da área e me tornando realmente especialista no que eu fazia, num segmento que se destacava dos outros. Nesse período, RH bom era o das indústrias, como a Shell e a IBM, em seguida as montadoras e, depois, nós, os bancos. Havia nos bancos um público mais sofisticado, que exigia um RH mais sofisticado, mais estratégico. E, dentro dos bancos, o Citibank era o mais vanguardista em práticas de Recursos Humanos. E foi para lá que meu chefe foi e levou a turma. Mas eu estava grávida e tive de ficar.

A sofisticação do RH

No meio da minha licença, o Edson Ignácio, meu antigo chefe, ligou me convidando para ir para o Citi. Voltei para o Unibanco apenas para pedir demissão e comecei minha jornada no Citi. Trabalhei no Citibank de 1986 a 1991 e ali aprendi muita coisa. Entrei na mesma área, num cargo acima. Lá, virei gerente de Benefícios. Havia muitas diretrizes da matriz num alto nível de exigência e criticidade que não se via no meio de RH naquela época. Já falávamos de *compliance*, por exemplo.

Eu passava os fins de semana fazendo planilhas, mas o fato de termos na equipe um computador para cada um cra uma alcgria. No Unibanco era um computador para o time! Para fazer o organograma das áreas, falávamos com o líder de cada setor e questionávamos se a estrutura estava adequada naquele momento, de acordo com os desafios da função. Esse era o nosso jeito de desenhar o organograma. Era na mão, mas havia uma sofisticação e um olhar atento ao negócio. Enquanto os outros estavam ainda fase de descrever cargos e salários, nós já pensávamos na estratégia de cada função.

Um dos vice-presidentes do Citi foi convidado para ser *head* do Nacional, com o desafio de colocar o banco em pé. Ele levou uma equipe gigante, e eu fiquei de novo. Nesse momento, passei a me reportar ao Vicente Teixeira, que era o vice-presidente de Recursos Humanos do Citi (o *head* de RH no banco), e fui subindo de nível. Tinha então Salários e Benefícios comigo. Mas aí veio aquela crise dos sete anos e recebi um convite da Hay do Brasil para ser consultora da área de *compensation*. Eu iria liderar o segmento financeiro. Fui e descobri que tinha habilidade para vender.

Profissão: especialista

A essa altura, meu nome já era uma referência na área de Remuneração. E mais ainda em remuneração de bancos. Hoje, os profissionais de RH querem ser generalistas. Essa ideia se alastrou. Todo mundo dá palpite e ninguém entende de nada. A fórmula atual é encher a empresa toda de *business partners* que querem discutir tudo. Antes, aprendíamos e, sim, nos especializávamos. Implementei o plano de previdência privada no Citi e montei o plano de saúde de autogestão. Com essa experiência, fui para a Hay e vendi vários projetos. Estava ganhando bem, cheia de desafios, mas me sentia só. A consultoria é muito solitária, e descobri que aquilo não era para mim.

Acabei cedendo aos convites dos antigos colegas que tinham ido para o Nacional. Lá eles tinham criado uma área chamada Desenvolvimento de RH, com três níveis de pessoas. Era quase uma consultoria, só que com recursos internos. Os projetos eram multifuncionais: juntavam todas as funções de RH, como atração, desenvolvimento, remuneração fixa e variável. Todo o nosso planejamento estratégico começava pelo negócio. Naquele momento, era um dos melhores lugares para o RH estar. Eu participava dos grupos de RH e podia perceber a diferença entre as empresas que já tinham uma área de Pessoas trabalhando mais perto do negócio e as que estavam distantes. Era 1993, e já trabalhávamos a matriz 9 Box e criamos uma metodologia para diminuir os níveis hierárquicos. O Nacional contratou os melhores caras do mundo para trabalhar lá. Era um lugar inovador, era uma marca forte, era o nome que estava no boné do Ayrton Senna. Mas, em novembro de 1995, o banco quebrou e o Unibanco o comprou a preço de banana.

Desafios da fusão

Nesse momento, aprendi tudo o que eu não deveria fazer numa fusão. Quando percebi como seria esse casamento, não quis ficar. Os *headhunters* vinham feito loucos atrás da gente, e, por causa de um desses convites, fui para o Banco Interatlântico, que tinha aproximadamente 1,7 mil funcionários. O desafio lá era transformar o Departamento de Pessoal em RH estratégico. Eu tinha 35 anos e assumi a área de Pessoas do banco.

No começo, tinha muita coisa para fazer, até comprarem o Banco Boavista, que estava quebrado. Aí foi um horror! O presidente do Interatlântico – que me chamava de "filha", e já não gostava de mim – aproveitou o movimento da aquisição para contratar uma pessoa do Banco do Brasil, que passaria a ser meu chefe. Isso significava ter um intermediário entre mim e o presidente. Eu não poderia mais responder ao CEO diretamente, portanto. Pedi demissão e saí do mercado financeiro.

Fui para a Origin, uma empresa de tecnologia da Philips. A empresa tinha cerca de 4 mil pessoas, e eu subi ao comitê executivo. O nível de exposição era enorme, afinal era uma empresa global. Eu levei uma equipe inteira, montei um time superbom. Aliás, isso sempre foi muito importante para mim. Mas não tinha investimento, e estava ficando claro que a empresa estava à venda. Na mesma época, o Fernando Lanzer, diretor de RH do Banco Real, começou a me chamar para ir para lá. Conheci o Fabio Barbosa, e foi fácil me encantar. Assim, deixei a Origin e fui para o Banco Real, como diretora de Remuneração, Benefícios, Planejamento e Orçamento, me reportando ao Fernando. Aceitei, desde que, depois, ele me desse os *business partners* também. Entrei em 2000, e em 2003 o Fernando foi expatriado. Nessa hora, me tornei líder da área. Eu já tinha adorado sentar na cadeira de número 1 da área no Interatlântico. E no Real, até então, eu era a segunda. Voltar para a posição de número 1 foi gratificante. Eu queria ser a primeira. Gosto de ser a primeira. Eu era a pessoa do RH responsável pela integração do banco. Foi uma época em que realmente me diverti trabalhando. Abaixo de mim, vinha uma equipe ótima. Acima, o Fabio. Sempre estive próxima do Negócio, mas no Real, nessa época, era como se RH e Negócio fossem uma coisa só.

RH é RH

Acho que o RH sempre se colocou à parte do negócio porque sempre teve de lidar transversalmente na empresa. Tem um olhar "*cross*". O RH é parte do negócio e só tem função porque existe o negócio, mas isso depende de cada profissional. Você pode fazer tudo sem se envolver com o negócio: contratar, pagar, promover, demitir – ou você pode fazer se envolvendo. O RH que conhece o negócio não cumpre ordens passivamente; questiona o número de pessoas, o perfil, a avaliação de desempenho, o desenvolvimento por competência. Discute, indaga, questiona. E existem muitos RHs que se acham parte do negócio, mas que só sabem seguir modismos.

Quando a GE desenvolveu um aplicativo de avaliação de desempenho, a moda passou a ser questionar a avaliação de desempenho e copiar a GE. A profissão não consegue ficar atrativa se você só sabe seguir modelos. Entender o negócio não é copiar as práticas dos outros. É preciso saber se faz sentido. Quando começaram a mudar o nome da área de Recursos Humanos, vieram me perguntar se não era o caso de mudarmos também. Sempre fui contra. RH é RH.

Sabático

Em 2006, decidi sair do mundo corporativo. Meu marido e eu tínhamos o plano de montar e administrar uma pousada em Monte Verde, em Minas Gerais. E aquela era a hora, por nós e pelo momento que eu estava passando no trabalho. Eu sentia que não conseguia avançar mais no RH, sentia uma certa insatisfação com a área. A tradução da estratégia não estava acontecendo, pois o modelo desenhado com os *business partners* não conseguia passar nada para baixo e fazer a interlocução com a área de Negócios.

Ao mesmo tempo, começaram a surgir programas da matriz que não tinham nada a ver com a nossa realidade, como o *HR Transformation*. Quando o chefe global decidiu implantar o modelo de Ulrich, passei a ir para a Holanda todo mês e me senti completamente amarrada. Eu tinha simplesmente de engolir e seguir o global. Pensei comigo que aquela era a hora de ir embora.

Entre 2006 e 2008, toquei a pousada com o Eduardo, meu marido, fiz formação em *coaching* e uma pós em Hotelaria no Senac. Foi um período incrível, eu não parava. Ficava até tarde trabalhando, organizando tudo.

O retorno

O mercado em 2008 estava bombando e os *headhunters* ligavam o tempo todo, mas foi numa sessão de *coaching* que recebi um cutucão e percebi que estava na hora de voltar. O Real tinha sido comprado em 2007 pelo Santander, e eu nunca imaginei voltar para lá. A vida, afinal, vai para a frente, não para trás.

Contudo, estava engatando duas conversas para retornar ao mundo corporativo: uma na Fiat, outra no Itaú. No Itaú, a certa altura do processo, os executivos pediram referências minhas ao Fabio Barbosa. Nisso, ele me ligou: "Se você está pensando em voltar, volte para cá". Aceitei. Pelo Fabio, pelo banco, pelo desafio. De cara, o chefe do Fabio, Marcial Portela, me perguntou se eu estava preparada para demitir 11 mil pessoas. Foi assim que assumi a área do banco como vice-presidente de Recursos Humanos. Voltei para mudar as coisas que me incomodavam e para que o RH voltasse a fazer sentido.

Foquei em duas frentes o desafio gigante que tinha em mãos: 1) como desenhar as melhores práticas de gestão de pessoas aproveitando o melhor de cada banco? e 2) como desenvolver uma visão de futuro e desenhar um modelo moderno e condizente com o mundo atual? Enfim, eu queria fazer um RH diferente – e desenhamos algo muito moderno, que passou por uma visão de futuro fantástica, até uma estrutura totalmente inovadora. Diminuímos, por exemplo, o número de BPS de 60 para 20. Com a saída do Fabio, em 2011, passei por um período de grande aprendizado ao lado do Marcial. Mas, em 2013, colocaram um novo VP a quem eu deveria me reportar – tudo o que era suporte deveria se reportar ao novo VP. Como fazer um RH diferente assim? Tive algumas crises, inclusive de saúde. Eu queria sair e não me deixavam. Demorei três meses para sair desde o dia em que falei que não ficaria mais.

Natura

Quando percebi o movimento todo no banco, já estava conversando com a Natura e fiquei seduzida pela empresa. Além disso, eu queria sair e ir para um lugar bacana, para mostrar para os que tinham ficado. Uma coisa meio birrenta.

A Natura tinha um desafio enorme no "*business*": o varejo estava se modificando e a empresa tinha que reagir e desenhou um plano estratégico fantástico para isso, mas não conseguia colocá-lo em prática. Além disso, dentro do RH, havia uma carência de processos operacionais mais básicos – eu já estava distante disso. Quatro meses depois, falei para o Alessandro Carlucci, então presidente, que havíamos errado, nós dois, e que eu iria sair. Foi quando ele me disse que estava saindo e seria importante eu ficar para fazer a transição do CEO (entrava então Roberto Lima, ex-Vivo). Os dois lados tinham errado. Entrei para fazer algo e vi que era preciso lidar com coisas muito mais profundas. Ao mesmo tempo que precisava cuidar de algo mais operacional, tinha de discutir cultura. Fui conversar com o Roberto sobre minha situação, e ele pediu que eu ficasse. Eu disse que o ajudaria, mas que não ficaria. No total, fiquei um ano e dez meses na Natura – e já tinha dado.

Nessa hora, decidi dar um tempo. Em 2017, recebi uns três, quatro convites para voltar, mas estou em outro momento. Fiz formação em *coaching*, sou conselheira da rede de Lojas Renner, faço parte do Comitê de Pessoas de empresas menores, faço também um trabalho de mentoria para profissionais que estão sentados na primeira cadeira de Recursos Humanos ou que são pretendentes a número 1 da área. Não penso em voltar para o mercado como executiva, mas digo aos *headhunters* que, se tiverem A oportunidade, me liguem.

O RH lá na frente

É uma superoportunidade ser gestor de Recursos Humanos e olhar para esse futuro que ninguém conhece. O modelo tradicional está falido, e ninguém sabe como será daqui para a frente. O RH pode se colocar na vanguarda e desenhar esses novos modelos, mas precisa ser protagonista e assumir isso. O que eu vejo, infelizmente, é que o líder de RH está mais assustado com a velocidade dessas mudanças e com os novos modelos do que assumindo esse protagonismo.

11

MARCELO ARANTES

Vice-presidente de Pessoas, Marketing Institucional, Desenvolvimento Sustentável e Comunicação Empresarial da Braskem

Atual vice-presidente de Pessoas, Marketing Institucional, Desenvolvimento Sustentável e Comunicação Empresarial na Braskem, o mineiro Marcelo Arantes ainda é questionado pela decisão de permanecer em uma empresa envolvida em polêmicas do cenário político brasileiro. A longa experiência de quase 30 anos no mundo corporativo o ajuda a se manter resiliente e a dar as respostas certas (e sinceras) para os mais críticos. Lidar com pressão é uma habilidade que desenvolveu desde que ingressou no mercado de trabalho, como analista de Recursos Humanos da Celite, fabricante de louças sanitárias, onde ajudou a diminuir a tensão com o sindicato. Foi nessa época que criou o hábito de sair do escritório para conviver com o chão de fábrica. Levou essa prática para a multinacional ABB, do ramo de tecnologias de energia e automação, em 1991. Lá, começou como coordenador de RH e chegou a gerente da área. Mas foi na Unilever, entre 1998 e 2000, que conheceu o significado de um RH estratégico, ao ter a oportunidade de reestruturar o programa de *trainees*, criar times de inovação e discutir – já naquela época – o conceito de transformação cultural. Essa experiência abriu caminho para aceitar o cargo de gerente de Desenvolvimento de RH da Intelig, onde alcançou o cargo de diretor da área. Nessa mesma posição, passou ainda pela Reckitt Benckiser, fabricante de produtos de limpeza e higiene, e pela montadora de automóveis Fiat, antes de ingressar na Braskem, em 2010. Atualmente, trabalha no projeto de transformação da Braskem 2025. Tem graduação em Administração pelo Centro Universitário UNA e um MBA Executivo pela Fundação Dom Cabral.

Sou filho de um militar e de uma artista plástica. Do meu pai, herdei a disciplina e sempre cumprir o que você fala. Da minha mãe, o conceito de ser feliz. Quando tinha 10 anos, meus pais se separaram, e essa ruptura foi marcante na minha vida. Ainda criança, notei que, para crescer, eu dependeria de mim mesmo. Entre 1980 e 1982, perdemos quase tudo, a ponto de não termos dinheiro para comer. Essa fase me trouxe alguns traumas positivos e mostrou quão importante é tomar as decisões certas. Como tudo dependeria de mim mesmo, eu lutava por mim. Tinha de manter notas boas na escola para continuar como aluno bolsista, por exemplo. Na época do vestibular, pensava em fazer Publicidade e Propaganda, mas passei em Administração de Empresas na UNA, e, a essa altura, tudo o que eu queria (e precisava) era trabalhar.

No segundo semestre de 1988, fiz um estágio na FMB (hoje, Teksid, especialista em fundições de autopeças). O estágio era na área de Recursos Humanos – e isso tem um motivo. Embora eu nunca tivesse pensado em fazer carreira na área de RH, comprei muitos livros para entender as relações sindicais a fim de compreender as ideias da minha irmã, que tinha esse lado sindical bem forte. Na década de 1980, a área de RH se resumia a cargos, salários, treinamentos e relações sindicais. As grandes questões eram totalmente burocráticas. O conceito da relação entre empregado e empregador se resumia à clássica frase: "Eu lhe dou estabilidade e você, dedicação".

Foi nessa fase que comecei a me empenhar para entender um pouco dos movimentos sindicais. Dois fatos me marcaram no meu primeiro estágio: o dia da entrevista final e a atitude do meu chefe, o diretor de RH à época. No dia da entrevista, cheguei às 7h30 e fiquei até as 17 horas para falar com o tal chefe, que não apareceu. Fiquei esperando num corredor e voltei no dia seguinte, conforme me pediram. Voltei porque precisava do emprego – e fui contratado.

O segundo momento que me marcou foi logo nas primeiras semanas de estágio. Havia ali uma distância enorme entre os empregados e a liderança, e o diretor de RH me chamou na sala dele – o que era totalmente incomum. Imagina um estagiário ser chamado pelo diretor de Recursos Humanos?! Fui pensando o melhor. Mas ele queria mesmo era que eu pegasse cinco livros e levasse para o outro lado do andar. Me senti tão desrespeitado que deixei a empresa 28 dias depois.

A linguagem sindical

Eu estava concorrendo ainda a uma vaga na cooperativa de lacticínios Itambé e, por isso, tive coragem de pedir para sair. Na Itambé, conheci meu primeiro mestre, Nelson Martins de Almeida, que logo foi embora para a Celite. Nosso convívio foi rápido, mas o suficiente para ele me convidar para ir com ele. Devo tudo o que aprendi no meu início de carreira ao Nelson. Na Celite, ele me chamou para ajudar na construção do plano de cargos e salários. Era 1989, eu tinha 21 anos e saí de Belo Horizonte para trabalhar em Santa Luzia, na Grande BH. Notei que a empresa tinha uma carência sindical grande e comecei a circular por toda a companhia – foi quando comecei a ir para a fábrica. Percebi que sabia como e gostava de construir relacionamentos na fábrica; gostava de conhecer a natureza humana. Na área de gesso, por exemplo, percebi a quantidade enorme de pó que circulava pelo ambiente. Como consequência, a empresa era processada pelo sindicato por haver funcionários com doenças geradas pelo pó de sílica. Havia muito que fazer para diminuir esses atritos. O chefe do Nelson percebeu essa característica minha e me chamou para ajudar na parte sindical. Levantei tudo sobre os sindicatos e comecei a representar a empresa nas reuniões sindicais.

Numa dessas reuniões, conheci Francisco Serra, gerente de Recursos Humanos da ABB, que tinha acabado de comprar a italiana Sae Sadelmi, de ramo similar, e me pediu indicações de RH para compor sua área. Depois de algum tempo, ele disse que me queria para a função. Comecei na ABB em outubro de 1991, com o desafio de implementar o plano de cargos e salários, além dos treinamentos. Lá fiquei sete anos, e foi uma das maiores experiências da minha vida.

A vida no chão de fábrica

Uma das primeiras atitudes que tomei foi percorrer o chão de fábrica, conhecer os apelidos de cada um e entender o porquê de o sindicato parar toda vez a fábrica.

A fábrica ficava embaixo, enquanto o escritório ficava em cima. Além desse símbolo de divisão entre eles e nós, havia vários outros. Todos os dias saíam dois ônibus da empresa: um com o pessoal do escritório e outro com o da fábrica. O bandejão também era dividido.

O primeiro desafio foi colocar todo mundo junto em tudo. Ganhamos 200 inimigos e mil amigos. Em 1992, o transporte começou a levar gente da fábrica e do escritório juntos, e o bandejão servia a todos ao mesmo tempo. Com essas atitudes, conquistei a fábrica definitivamente. Criei uma Comissão de Fábrica, e a partir daí nunca mais houve parada sindical. Levei a família para dentro da empresa. O segundo desafio era melhorar o ambiente de trabalho.

Em 1993, o Francisco saiu e a ABB iria começar seu *turnaround*, repensando seu modelo de negócio. Era a época da reengenharia, dos *downsizings* [corte de pessoas], mas eles queriam fazer algo diferente: queriam investir em gente de dentro para fazer a mudança. Fui escolhido para participar do projeto de *turnaround* (fui a única pessoa de RH do Brasil escolhida para isso). Fiquei fora do RH um ano, participando desse projeto. Quando saiu o Francisco, entrou outro profissional, que não ficou nem um ano. Fui então, com 25 anos, promovido a gerente de Recursos Humanos, depois de passar por um treinamento "sombra" (fiquei colado em outro profissional por um tempo para aprender o ritmo da função antes de assumi-la) em Guarulhos. A primeira orientação que dei à minha equipe (cerca de 30 pessoas) foi para rodar a fábrica.

Com essa experiência, me deram também a área de TI e Serviços de Suporte. Dentro do projeto de transformação da empresa, eu tinha de fechar a fábrica de Contagem, onde trabalhavam cerca de mil pessoas, pois a empresa havia vendido a planta. Nessa hora, usei toda a minha credibilidade com o chão de fábrica e deu tudo supercerto, pois a gente foi para uma planta maior, nova, e todos estavam felizes. Senti que chegava o momento de fechar meu ciclo.

Um banho de loja de RH

Era março de 1998, e eu tinha duas propostas em mãos para a mesma empresa. Uma era para ocupar a vaga de gerente de RH da operação OMO, marca de sabão em pó da Unilever, em Vespasiano, Minas Gerais. A outra era no corporativo: gerente de Desenvolvimento Organizacional da Unilever, em São Paulo. Topei vir para São Paulo

– precisava só falar com minha namorada. Antecipamos o casamento e viemos para a capital paulista.

Nesse período, vivíamos um novo RH. Saía totalmente o Geribau Paschoal, chefe de Pessoal, e começamos a discutir modelos de liderança. O lado emocional da área de Recursos Humanos começou a ficar maior do que o lado racional. Havia uma busca pelo termômetro do clima pelas pesquisas [em 1997, a revista *Exame* publicou a primeira lista no mundo das 30 Melhores Empresas para Trabalhar, baseada numa pesquisa da consultoria Great Place to Work]. Nasciam questões mais sofisticadas e mais humanizadas. Na Unilever, tive um verdadeiro banho de loja em termos de questões ligadas à área de Recursos Humanos. Lá, trabalhei na reestruturação do programa de *trainee* e criamos times multifuncionais: de inovação, de sustentação, e já falávamos em mudança de cultura. Era, de fato, o lugar onde ser RH era se sentir estratégico, mas tinha um problema: com um ano de empresa, eu não me sentia feliz.

O meu DNA não combinava com o da empresa, eu não tinha afinidade pessoal com a cultura da organização. Eu tinha 30 anos, estava em São Paulo, casado, cheguei um dia em casa e não conseguia parar de chorar. Sentia que tinha de usar uma máscara cada vez que ia para o trabalho. Foi uma empresa que me assustou. No meio dessa crise interna, chegou uma nova diretora de Recursos Humanos, inglesa, e decidi ter uma conversa muito franca com ela. Disse que estava infeliz. Ela me colocou para trabalhar num projeto específico da empresa – o Unila – Unilever Latin America. Na época, a empresa ainda era Gessy Lever, e esse era o projeto de unificação da marca no mundo. Cheguei a ser convidado para ir para Londres, que era o meu sonho, mas não o da minha mulher. Entre a dúvida, o casamento em crise, a empresa que não representava os meus valores, recebi uma ligação do Fernando Terni (com quem trabalhei na ABB) me chamando para a aventura da Intelig. Optei por começar de novo, e, em vez de Londres, nos mudamos para o Rio de Janeiro.

A aventura da Intelig

Fui para lá a fim de construir o que seria a Intelig. Era participar de fato numa startup, e isso me motivou muito. No início, assumi a área de Remuneração; depois, criei os programas de liderança. Pudemos fazer coisas incríveis naqueles anos e colocar a empresa em destaque quando se falava em gestão de pessoas. Fomos eleitos pela ABRH-RJ a empresa do ano em RH em 2004, graças a todo o cardápio de programas que oferecíamos. Em termos de qualidade de vida, éramos inovadores. Questionávamos o time sobre o que significava ter qualidade de vida: trabalhar muito ou ser feliz? Criamos salas de descompressão, oferecíamos massagem, ioga, montamos times de vôlei e de teatro. Aprendi na Intelig a importância de trabalhar a marca para dentro, e não somente para fora. Mas tudo aconteceu numa velocidade e de um jeito muito atípicos.

O Fernando Terni e o Marcos Cominato (respectivamente, presidente e diretor de RH) logo saíram da companhia, que passou a procurar um comprador. Sim, fui promovido a diretor de Recursos Humanos de uma empresa sem CEO que estava sendo vendida. A Intelig virou um *case* corporativo – a empresa que viveu três anos sem CEO, sendo dirigida por um colegiado de sete diretores. Comecei então a cuidar da reestruturação e a enxugar a empresa para torná-la mais rentável aos olhos do comprador. Em dezembro de 2004, me pediram para fazer mais um corte de gente. Disse que sim, desde que me incluíssem no corte. Fiquei lá de 2001 a 2005, e foi um aprendizado e tanto.

O jogo do poder

Da Intelig fui para a Reckitt Benckiser, com a missão de reestruturar a área de Recursos Humanos, rever toda a política de talentos, melhorar o ambiente de trabalho e ajudar o presidente na transformação da empresa. Nessa época, o RH estratégico já estava na veia das empresas mais de ponta – e quem não estava nessa sintonia precisava correr atrás do prejuízo, chamando profissionais para "profissionalizar a Gestão de Pessoas". Eu tinha, portanto, a missão de repaginar o RH e precisava mudar processos. Com a Symenetics (consultoria de gestão), introduzi o *Balanced Score Card* (ferramenta que ganhava adeptos na época, pois supria a necessidade de indicadores para a área de Gestão de Pessoas).

Comecei a trabalhar com painel de indicadores, a desenhar o mapa estratégico da companhia. Senti, nessa época, que fui ganhando "casca" como profissional, pelo tamanho da responsabilidade e por ter presenciado algumas situações de poder e ética complicadas que levaram ao afastamento do presidente. Não dava mais para ficar na empresa e comecei a me abrir para o mercado. Foi quando recebi um telefonema de um *headhunter* me convidando para participar de um processo seletivo na Fiat.

No dia 22 de junho de 2008, estava num avião indo para a Itália para me encontrar com o presidente mundial da Fiat, o Sérgio Marchionne. Foi uma conversa um tanto estranha, e eu tinha certeza de que não seria aceito, mas me deram a posição. E assim voltei para Minas Gerais como diretor de Recursos Humanos para a América Latina da Fiat Automóveis.

Estava com 40 anos e, como par de todos os diretores italianos, sentia o preconceito: "O que esse menino veio fazer aqui?". Comecei a fazer um trabalho de transformação no RH. Assim que entendi onde estava, percebi que não seria possível transformar a Fiat, mas iria tentar mudar sua área de Recursos Humanos. Cheguei a fazer um livro sobre a Nova Estratégia de RH da empresa.

O que eu notei? Depois de ter passado pela Unilever, implementado um RH estratégico na Intelig e assumido uma transformação de RH na Reckitt, percebi que o mercado tinha andado em termos de Gestão de Pessoas e de sofisticação da área de Recursos Humanos, mas não na Fiat. Lá ainda vivíamos uma área de Relações Industriais. Era muito trabalho para ser feito, numa cultura difícil de ser transformada. A parte de relações trabalhistas e sindicais ainda parecia ser o lado forte, o lado estratégico. O restante não tinha evoluído.

O meu primeiro ano por lá foi realmente espetacular, mas depois comecei a viver algumas coisas, digamos, estranhas. Fazia viagens para São Paulo com motorista que era segurança, em carro blindado. Eu não gostava desse estilo de vida, mas fazia parte da cultura entre os executivos da empresa.

Nesse meio-tempo, recebi uma proposta para vir para a Braskem. Eu não botava fé na conversa, na empresa, na proposta, mas em meia hora de papo me encantei com o projeto de internacionalização da companhia. Em maio de 2010, assumi o cargo de vice-presidente de Pessoas e Organização na Braskem, onde estou até hoje.

O teste da resiliência

Após mais de sete anos de empresa, hoje assumi mais funções. Meu cargo atual é de vice-presidente de Pessoas, Marketing Institucional, Desenvolvimento Sustentável e Comunicação Empresarial. Em miúdos, cuido de tudo o que é intangível na Braskem. Em todos os sentidos, aqui vivi (e vivo) desafios gigantescos e venho acumulando muitos aprendizados, inclusive de vida. Em primeiro lugar, a enorme experiência de transformar uma empresa brasileira numa companhia global. Em segundo, o projeto de mudar a cultura. Em terceiro, aprender a escolher melhor o emprego e, em quarto lugar, entender a importância do propósito.

Hoje, aplico aqui tudo o que aprendi ao longo da minha carreira. Se questionam a minha escolha em ficar após todo o envolvimento da família Odebrecht na Lava Jato e o nome da Braskem? Claro que questionam, claro que perguntam, claro que não foi fácil. Mas eu olho minha história de vida e só sei que nunca fiz nada de errado. Fui chamado algumas vezes para abandonar o barco, pular fora, mas não quis nem participar de processo seletivo. Por quê? Nunca trabalhei numa empresa em que a relação entre pares fosse tão gratificante, num lugar com tanta autonomia, que me permite criar coisas, como um programa fantástico de diversidade. Aqui não manda quem tem poder. Mas eu fiquei, sim, decepcionado com tudo o que aconteceu.

Senti (e ainda sinto) a expectativa de pessoas que acreditam que sairei a qualquer momento por fazer parte de algum esquema. Estou aqui criando a minha segunda casca e decidi ficar, pois quero reposicionar a Braskem e é meu papel ajudar a lidar com essa grave crise de reputação. Estou trabalhando no projeto de Transformação Braskem 2025 e tenho como responsabilidade deixar um legado para as novas gerações.

O meu futuro, o da Braskem e o das empresas

Adoro estudar e trabalhar pensando no futuro. Dave Ulrich já falava que o papel do RH é sua capacidade de leitura do que vai acontecer e preparar a empresa para isso. Sabemos hoje que 75% dos cargos que ainda existem serão completamente diferentes num futuro próximo. Teremos cada vez menos gente nas fábricas. Vamos usar mais e mais análises de dados, inteligências, falar muito mais de (e com) propósito. Mobilidade e flexibilidade já são desafios presentes (e nós, RH, temos de estar à frente disso).

Sempre vai existir uma área de RH, mas estamos vivendo um profundo momento de transformação, e o que acumulamos de sabedoria até aqui não irá sustentar os pilares do futuro. O RH precisa aprender a parar de viver em ondas e seguir modismos. Talvez seja a área que mais fique questionando seu papel no mundo. É estratégico, não é estratégico? Tá fora ou tá dentro do negócio? Eu sempre me coloquei como uma área de suporte provocativa e sempre critiquei as ferramentas da moda adotadas pela área. A nossa causa é conectar gente à empresa. Como fazer isso é o que vem mudando nestas últimas décadas.

12

MARCELO NÓBREGA

Diretor de Recursos Humanos
da Arcos Dourados

Nascido em 10 de fevereiro de 1966, no Rio de Janeiro, Marcelo Nóbrega "tecnicamente" faz parte da Geração X, mas se identifica fortemente com a Geração Y. Desde a primeira experiência formal no mercado de trabalho, após a graduação e o mestrado em Ciência da Computação pela Universidade Columbia, em Nova York, buscou crescimento rápido e posição de prestígio. Motivado pelo desejo de se tornar sócio aos 20 e poucos anos, passou de analista de sistemas contratado em 1991 pelo Banco de Investimentos Garantia para gerente administrativo e financeiro na Corretora Ativa, em 1993. Mas perdeu a chance de formalizar uma sociedade por não ter talento nem habilidade como *trader* (investidor do mercado financeiro). Finalmente, em 1997, tornou-se sócio na administradora de fundos de investimento Paradigma e, em 1998, chegou à posição de número 1 na área de Recursos Humanos na companhia de petróleo argentina YPF. A ideia era sair dessa função o mais rápido possível para galgar cargos que considerava de maior influência. Mas ficou. Em RH até hoje, atuou de 2003 a 2006 como diretor de Recursos Humanos na petroleira BP (ex-British Petroleum), pela qual foi expatriado em 2006 para Houston, nos Estados Unidos; de 2009 a 2011, foi diretor de RH na Reckitt Benckiser e, a partir de 2011, o responsável pela área na América Latina; e, entre 2013 e 2014, foi o vice-presidente de RH na companhia aérea TAM. Entrou no McDonald's em 2014, no cargo de diretor de Recursos Humanos da Arcos Dourados. É especialista em *coaching* de executivos, gestão de mudança e desenvolvimento organizacional e de lideranças. É *coach* certificado pela Universidade Columbia e autor de artigos científicos e do livro *Você está contratado!*. É professor e palestrante em cursos de graduação e pós-graduação de gestão estratégica de Recursos Humanos. Atuou na diretoria da ABRH-RJ e hoje participa dos Conselhos Consultivos do Instituto Ronald McDonald, da Febracorp Live University e do CORT – Conselho Superior de Relações do Trabalho da FIESP. Também colabora com o processo de entrevista de candidatos baseados no Brasil para a Universidade Columbia. Sua formação acadêmica inclui MBA em Finanças pelo Ibmec, MBA em Negócios de Petróleo e Gás e doutorado em Engenharia de Produção pela Universidade Federal do Rio de Janeiro.

Minha história profissional tem uma forte influência do meu pai. Cresci acompanhando a carreira dele, vendo seus amigos irem até em casa para falar de trabalho. Ele saiu da Paraíba dirigindo um caminhão rumo ao Rio de Janeiro, onde fez um curso de datilografia e passou num concurso da Petrobras. Lá, começou a trabalhar em 1958 e só saiu no começo da década de 1990. Sempre foi uma pessoa muito correta e sempre colocou o interesse da empresa em primeiro lugar. O grupo todo de colegas tinha essa mesma postura de vestir a camisa. Em casa, trabalho nunca foi uma referência ruim. Apesar de o meu pai trabalhar muitas horas, eu achava aquilo divertido, dinâmico, desafiador, estimulante. Essa atitude fez uma tremenda diferença na minha formação.

A primeira vez que meu pai viajou ao exterior foi a trabalho, não a lazer. Ele foi expatriado para os Estados Unidos em 1985. Iria assumir o escritório da Petrobras em Nova York e, claro, levou a família: minha mãe, eu e minha irmã mais nova. Eu tinha 18 anos na época e, enquanto meus amigos estavam indo para a abertura do Rock in Rio, eu estava indo para o aeroporto. A primeira barreira foi o inglês. Eu já era formado em inglês pelo CCAA e até dava aulas; na verdade, essa foi minha primeira experiência profissional. Eu me considerava fluente no idioma, até que, no primeiro dia após chegarmos a Nova York, depois de deixar tudo no hotel, saímos para comer uma pizza. Fomos atendidos por um negro nova-iorquino e eu não entendi uma palavra do que ele falou. Não consegui pedir um pedaço de pizza!

Fiz a faculdade em Nova York, graduação e mestrado. Hoje, entrevisto candidatos para a Universidade Columbia. Converso com garotos que vivem aqui no Brasil, brasileiros e estrangeiros, e querem entrar na Columbia e percebo como são diferentes do jovem que eu fui. Naquela época, quando cheguei aos Estados Unidos, eu não tinha muita noção do que estava por vir. No geral, os jovens que entrevisto hoje são focados e têm uma grande vontade de mudar de país para ter uma experiência educacional diferente – o que é mais ousado do que aconteceu comigo, porque eu só acompanhei a família na mudança de país –, mas na época, quando fiz as *applications* e escolhi Columbia, eu não tinha essa percepção. Não tinha ideia do que era Columbia, do que a formação na Columbia significaria para mim, do que seria a experiência nos Estados Unidos. Eu não sabia nem que curso escolher. Pensava em Engenharia, pela minha facilidade com números, mas queria fazer alguma coisa que fosse novidade. Há 30 anos, Computação era uma supernovidade, e acabei enveredando por esse caminho.

A vida em Nova York

Na faculdade, passávamos muito tempo no laboratório tentando desenvolver produtos que, finalmente hoje, estão se tornando comerciais. Por exemplo, estudei inteligência artificial, *machine learning*, robótica, reconhecimento de voz e de imagens. Tentávamos fazer o computador simular uma pessoa falando, e era dificílimo! Passamos um semestre inteiro escrevendo código para um computador ser capaz de reproduzir uma ou duas palavras. Acho que esse interesse de trabalhar com tecnologia de ponta, novidades, de inventar e inovar, se refletiu mais tarde na minha vida profissional. O curso, apesar de ser de Engenharia, tinha uma base humanista generalista. Então, estudei artes, civilização contemporânea, literatura comparada, uma série de temas diferentes. Nós tínhamos aulas em museus e teatros!

Eu era o único brasileiro da turma. Havia muitos indianos e chineses na minha turma, o que revela um pouco a origem da pujança dessas nações. Esses países, há décadas, mandam anualmente centenas de pessoas para estudar no exterior e depois as repatriam, levando conhecimento para o país de origem. Nova York, no final dos anos 1980, estava quebrada, e o ambiente era um pouco hostil aos estrangeiros. Sentia preconceito por ser brasileiro; e, para eles, nem brasileiro eu era, eu era considerado hispânico. Por exemplo, em todos os formulários que preenchia, eu tinha de identificar minha etnia. Isso pra mim, pelo menos na época, era algo estranho. As opções eram: caucasiano, hispânico, negro, nativo (*Indian American*) e outros. Olhava aquilo e pensava "sou 'outros', porque não sou hispânico, não sou caucasiano, não sou nada disso". Mas outros o quê? Felizmente isso não passava de um pequeno incômodo e, um dia, acabei aceitando que era hispânico para eles (e resolvi aprender a falar espanhol). Talvez essa tenha sido a primeira experiência que me abriu os olhos para questões de diversidade.

Apesar de alguns contratempos menores, minha adaptação não foi difícil. Na faculdade, eu fazia parte de um grupo que tinha mais estrangeiros do que americanos, mas não muitos brasileiros. Também costumava frequentar a casa de outros executivos brasileiros expatriados. Esse era o ambiente do meu pai, e nós interagíamos com esse grupo no fim de semana em família. De novo, eu acompanhava as conversas de meu pai sobre o mundo do trabalho. Depois de três anos, meus pais e minha irmã retornaram ao Brasil. Eu fiquei mais um ano sozinho, vivendo no *campus*, pois tinha emendado o mestrado em Ciência da Computação. Foi a fase em que tive que me virar: cozinhava, lavava roupa, cuidava da casa etc. Como não tinha dinheiro pra nada, almoçava sempre um frango daquelas televisões de cachorro, com pão árabe e salada de batata. Comia isso praticamente todos os dias e adorava.

Nesse período em que fiquei em Nova York, viajei um pouco pelos Estados Unidos e fiz mochilão pela Europa, entre a graduação e o mestrado. Era algo muito comum na época entre os estudantes. Você terminava a faculdade e, antes de começar a trabalhar, fazia uma viagem. Passei um mês na Europa e conheci Itália, França, Áustria, Alemanha e Grécia. Conhecer esses países e culturas foi outra experiência enriquecedora. Quando terminei o mestrado, voltei para o Brasil. Sempre tive na cabeça que gostaria de voltar para o Brasil, nunca planejei ficar nos Estados Unidos. Adoro o meu país e a minha ideia era utilizar aqui o aprendizado que eu tinha obtido nos EUA.

Da academia para a vida real

Nos Estados Unidos, não é obrigatório fazer estágio no período da faculdade. Você faz os *summer jobs*, os famosos bicos de verão, ou trabalha na própria universidade. Para ajudar a bancar meus custos, atuei como assistente de professor e de pesquisa e como bibliotecário. Então, só fui trabalhar "de verdade" quando retornei para o Brasil. Estava com 23 anos e entrei na área de Informática de um pequeno banco. Foi uma experiência muito rápida. Fiquei ali apenas um ano. Apesar de ter assumido de imediato uma posição de liderança, não encontrei no ambiente de trabalho o estímulo intelectual que tive na faculdade. Era como se eu tivesse regredido no tempo.

Enquanto no banco, vi um anúncio no jornal com um título bem grande: "MERITOCRACIA. Se você acredita em ser remunerado pelos seus resultados, venha trabalhar conosco". Coloquei meu currículo em um envelope pardo, selei e coloquei no correio. Sem saber, estava concorrendo a uma vaga no Banco Garantia. Me chamaram para a entrevista, e eu não tinha a menor noção do que era o Banco Garantia, ou do que aquela oportunidade representava. Eu sabia o que significava meritocracia. Para mim, banco grande eram o Itaú e a Caixa. Meu pai me orientou dizendo que aquele era um banco diferente, era um "banco de andar" e não um banco "de agência". E foi assim que ele me aconselhou a ir para a entrevista.

No Garantia, fui entrevistado pelo Jorge Salles, diretor de Informática na época, que quis me contratar na hora, mas precisei passar por um processo seletivo bem rigoroso: fui entrevistado por pelo menos oito executivos – alguns inclusive eram sócios do banco. Tudo aquilo me estimulou: o rigor, o envolvimento dos sócios e o nível das conversas. Percebi que estava lidando com pessoas muito inteligentes. Quando me mostraram o escritório, outra surpresa: eles já utilizavam o modelo de *open space*, que era muito vanguarda na época (anos 1990). Todos tinham o mesmo tipo de mesa – ou seja, todos eram tratados como iguais.

Era uma época em que o mercado financeiro estava migrando para São Paulo. Eles me contrataram para liderar uma pequena equipe no Rio, onde era a sede do banco. Ao longo do tempo, esse escritório foi diminuindo e tudo se concentrou em São Paulo. Fui contratado para participar da equipe que fez o primeiro *downsizing* no Brasil, que era sair de um *mainframe* (computador de grande porte cuja função é processar um grande volume de informações) para uma rede de microcomputadores. Aposentamos um IBM e trocamos por uma rede de microcomputadores. Como não se sentir atraído por tudo isso?

Em vez de comprar o computador pronto, comprávamos diversas peças que considerávamos serem as melhores e as combinávamos. Era como se eu tivesse sido jogado de volta para o ambiente da universidade, o ambiente de laboratório. Nós configurávamos o DOS na unha. Testávamos a ordem de carregar os softwares para otimizar a utilização da memória para que os computadores da nossa mesa de operações fossem mais rápidos do que os da mesa do concorrente, para que o nosso *trader* tivesse uma vantagem competitiva. A Microsoft mandava produtos beta, ainda em fase de teste, para que nós os testássemos antes de irem para o mercado.

Esse ambiente arrojado e inovador foi outra experiência decisiva para o meu futuro profissional. Desde cedo, ficou bem claro para mim a diferença de ter gente da melhor qualidade, protagonista da sua história, com senso de dono e iniciativa numa equipe de trabalho. Foi ali que aprendi como a combinação de gente boa, tecnologia e meritocracia traz melhores resultados para uma organização. Desde essa época, não tenho paciência para mediocridade ou mimimi.

Eu estava me divertindo e o trabalho tinha tudo a ver com a minha formação, mas fui chamado para participar de um *turnaround* de uma corretora de valores, a Ativa. E, naquela época, o grande apelo do mercado financeiro era se tornar sócio. Era uma corretora de dois garotões de 30 e poucos anos (ex-Garantia) que estava perdendo mercado e precisava se internacionalizar. Eles não tinham mercado fora do Brasil e não tinham produtos. Faziam apenas corretagem. Esses dois jovens levaram mais dois ou três caras no início para ajudá-los. Eu fui um deles. Lá, eu saí da informática para ser o gerente do *Back Office* (área de retaguarda, mais administrativa, sem ter relação direta com o cliente) da corretora. Foi uma subida de patamar. Promovemos uma tremenda revolução cultural na corretora. Implementamos o método do Garantia, que se resumia em trazer gente boa, que vai crescendo, passa por todas as áreas de *Back Office* e, se for boa mesmo, vai para a mesa para ser *trader*. Ou seja, de funcionário, vira sócio e ganha dinheiro. Era essa a carreira em banco de investimento – e era isso que eu vislumbrava também quando fui para a Ativa.

Seguindo o movimento de mercado, a corretora saiu do Rio e mudou-se para São Paulo. Passamos a entrar em IPOs, em emissão de debêntures, lançamos fundos mútuos e outros produtos. Trocamos um monte de gente, derrubamos as paredes do escritório e em dois anos multiplicamos por dez o faturamento. Já estava na hora de eu virar sócio, mas me disseram que, por ser do *Back Office*, eu não trazia lucro. Se eu quisesse me tornar sócio, teria de ir para a mesa de operações. Então eu fui. Virei *trader* de *commodities* e, em uma dessas transações, perdi muito dinheiro. Não deu certo. Foi um movimento de carreira equivocado. Foi um erro que decidiram não bancar e, como normalmente acontece nesse ambiente de mercado financeiro, não teve volta. Eu não me arrependo do erro, não. Foi uma grande experiência e me trouxe um aprendizado especial. Naquele momento, me ajudou a definir o que eu sabia e gostava de fazer e, portanto, onde devia investir.

Numa rápida reflexão, decidi que queria seguir no caminho da informática, que era onde tinha me aperfeiçoado. Nessa época, um grupo de pessoas do Departamento de Informática do Garantia (mais um grupo de garotos de 30 anos) saiu do Banco para montar uma empresa de prestação de serviços de TI. Voltei para o Rio de Janeiro para trabalhar com essa turma. Fui com eles prestar serviço alocado dentro do Banco do Brasil.

O interessante da experiência é que trabalhar com eles era algo vivo e dinâmico, mas, quando entrei para fazer o trabalho no Banco do Brasil, era tudo ao contrário. Tudo lento, tudo difícil, uma resistência muito forte a implantar o sistema. O pessoal do banco não queria o sistema porque entendia que ele geraria perda de emprego, mudança do *status quo*, perda de poder. Implantamos o sistema com muita dificuldade, e eu acabei saindo de lá para prestar serviço em outro cliente: o *help desk* da TV Globo.

Lá, cheguei como terceiro para gerenciar uma equipe de suporte a usuários de microinformática, para ensinar o usuário a usar aplicativos e softwares, montar computador, reparar hardware, consertar bugs de software. E foi outro choque de culturas. Encontrei gente fraca, uma bagunça e muito ego. Encontrei um ambiente caótico, com vários problemas para solucionar. Enquanto apagava os incêndios, descobri que existia um Help Desk Institute nos Estados Unidos, com um monte de manuais, procedimentos, treinamentos e ferramentas para esse *business*. Eu trouxe isso tudo para o Brasil enquanto arrumava a casa na Globo. Acabei transformando o *help desk* em um produto comercializável para a empresa onde eu trabalhava. Desenvolvemos softwares, manuais e procedimentos e fomos para o mercado vender o novo produto.

Só que, mais uma vez, o bichinho do mercado financeiro me picou. Fui chamado, agora por outro amigo, para voltar para o setor; ele tinha trabalhado no Pactual (atual BTG Pactual) e estava abrindo sua "empresinha" de administração de fundos de investimento, a Paradigma. Ele e mais dois amigos se associaram para criar o negócio, e eu entrei como sócio para fazer o *Back Office*. Na prática, era a mesma atividade que eu havia desempenhado na Ativa Corretora, com a diferença de que agora eu entrava por cima. Pensei: "Finalmente virei sócio!".

Criamos um fundo de investimento, em parceria com uma corretora de São Paulo, para ela fazer a parte de custódia do fundo. Eu fazia o cálculo de cota, custódia, liquidação financeira, além de comunicação com o cliente. Nós ganhamos dinheiro pra caramba no primeiro ano: tivemos 90% de rentabilidade. Estávamos indo bem, até que veio a crise da Ásia e da Rússia, em 1997, e todo mundo tirou o dinheiro da Bolsa. Nosso negócio acabou praticamente da noite para o dia. Os outros sócios podiam ganhar a vida como *traders*, mas eu sabia que não era bom nisso – não sabia ganhar dinheiro com isso. Foi o fim da minha aventura no mercado financeiro. Desde então, sou apenas mais um cliente.

E o RH?

Até esse momento, eu nem sabia o que era RH, tampouco pensava em trabalhar nessa área. No fundo, eu achava que nenhuma empresa precisava disso, porque os lugares nos quais eu tinha trabalhado até então não tinham uma área de Recursos Humanos. Eu não conseguia nem visualizar o que seria isso. O Banco Garantia, por exemplo, não tinha RH, tinha apenas uma secretária que distribuía os holerites. Havia até uma avaliação de desempenho com metas anuais, mas nada de desenvolvimento de time, de liderança, *coaching*. O mais próximo que chegávamos disso era o tal fim de semana BIG, quando alguns funcionários iam para um *resort* e participavam de palestras e discussões estratégicas. Era um momento em que se identificavam potenciais sócios futuros para o banco. Essa foi a experiência mais próxima de gestão de pessoas, de *team building* com *assessment*, tudo misturado, que tive nesse período.

A filosofia do Garantia era a meritocracia, e a recompensa vinha em dinheiro. O banco, que era diferente dos outros dois pelos quais passei, era espartano. Tudo muito simples, espaço aberto – o Jorge Paulo Lemann, um dos maiores empresários do mundo, trabalhava no mesmo espaço que nós –, sem firulas. Em termos de plano de benefícios era pouca coisa; o negócio era a grana mesmo. O lema era "toma esse dinheiro, faça o que quiser". Você era medido única e exclusivamente pelo seu desempenho financeiro. Não tinha modelo de competências, avaliação de potencial, plano de carreira, não tinha nada disso. Era meta financeira, resultado de negócio e, na minha área, projetos que apoiavam o negócio. Então, até esse momento, não tinha vivido nada de RH. Era gestão *tête-à-tête* com o gestor, *feedback* reto na lata.

Mas aí apareceu a YPF, uma empresa argentina que tinha sido privatizada no início dos anos 1990 e estava em expansão internacional. Ela tinha acabado de adquirir uma empresa nos Estados Unidos e outra na Indonésia. O Brasil era o horizonte seguinte, já que em 1997 havíamos aberto o mercado de petróleo para o investimento estrangeiro. Os argentinos reservaram dois bilhões de dólares para investir no Brasil. Por meio de um amigo comum, fui conversar com o João Carlos de Luca, que estava assumindo a presidência da YPF aqui. O vice-presidente de RH da empresa, Pablo del Amo, um engenheiro de minas espanhol sediado em Buenos Aires, havia sinalizado que queria contratar alguém para o RH que não fosse oriundo da área. Pediu alguém de Estratégia que pudesse ajudar a alavancar o negócio no Brasil. "O conteúdo de RH nós ensinamos", ele disse.

Influenciado pelas minhas experiências anteriores, quando me fizeram a proposta, recusei. "Faço qualquer coisa, menos RH." Foi mais ou menos isso que falei na hora. Eu queria ser sócio, queria ganhar dinheiro, queria ser protagonista. Queria ser responsável por um P&L (Profit and Loss, na sigla em inglês, que significa demonstrativo de lucros e perdas), ser recompensado pelo resultado que eu ia gerar para a empresa. Naquele ponto, eu sabia que não queria ser mais um cara de TI, porque não queria mais ser coadjuvante. E, por isso, também não queria o RH. Depois de alguns dias, fiz uma contraproposta: eu entro para o RH, mostro para você que tenho valor, que sei trabalhar, e você me coloca para tocar uma unidade de negócio. O de Luca aceitou. Se eu mostrasse competência, teria oportunidade de crescimento. Era a minha chance de trabalhar em uma multinacional com recursos suficientes para materializar seus planos de expansão. E o mesmo se aplicava aos meus planos pessoais.

E foi assim que fui parar na área de Recursos Humanos.

Eu entrei no RH bem no período em que começavam a pedir mudanças no perfil do profissional da área. Em 1997, o Great Place to Work lançou a primeira lista das Melhores Empresas para Trabalhar no Brasil, e o discurso do RH alinhado ao negócio começava a ganhar força. Vi pessoas de marketing, por exemplo, indo para a área. O Pablo, ele mesmo um *outsider*, certamente era um dos porta-vozes desse movimento e por isso queria contratar alguém com visão estratégica e de negócios para o RH.

Filosofia de gestão de gente

A coisa já começou diferente: fui fazer um estágio na Argentina para poder entender melhor o negócio. Passei quatro meses entre Neuquén e Comodoro Rivadavia visitando campos de petróleo e interagindo com as pessoas que vivem e trabalham nessas localidades. Ganhei uma espécie de mentor (ainda não se usava essa palavra), o francês Pierre – mais um engenheiro que queria transformar o RH. Guardo até hoje uma folha de papel onde ele anotou sua filosofia de gestão de gente. É praticamente a única coisa que guardo do meu passado profissional, não tenho quase mais nada. Quando voltei para o Brasil, estávamos comprando redes de postos de gasolina e participando dos leilões da ANP. A ideia era ser uma empresa integrada, do poço ao posto.

Eu fui o décimo funcionário da YPF no Brasil. Minha função principal naquele primeiro momento era contratar gente. Acredito que isso é o que sei fazer de melhor como RH. Orgulho-me de ter um bom olho para identificar talentos. Não sei quantos candidatos já entrevistei, para todos os níveis – estagiários, *trainees*, gerentes, diretores e CEOs –, e o saldo é que já contratei muita gente talentosa. Graças a esse meu "faro", hoje tenho amigos no mundo inteiro e em empresas de todos os setores. Tenho orgulho de ver essas pessoas em posições de liderança em empresas de renome. Muitas delas seguiram carreiras brilhantes, com etapas internacionais. Alguns são hoje diretores de RH. Outras se tornaram empresários. E tem os casos de dois estagiários que hoje são CEOs de multinacionais no Brasil. E, assim, contratando gente boa, montamos um ótimo time para a YPF.

Com poucos meses de YPF, vieram me dizer que o sistema de faturamento não estava funcionando direito. Me pediram para dar uma olhada, e foi assim que me tornei diretor de TI e Recursos Humanos. Um cargo que soava meio estranho, mas que, na verdade, descobri ser bastante comum depois de acumular esses dois chapéus. Passou mais um tempo, e ganhei a área de Compras e Contratações também. Como começamos a ter presença em vários negócios, precisamos montar uma área de Saúde, Segurança e Meio Ambiente –, e eu também peguei isso. Passamos a nos referir à reunião dessas áreas como Serviços Compartilhados. O fato de eu estar presente em todas essas áreas me fazia estar também envolvido em qualquer tomada de decisão da empresa, o que era fantástico!

O trabalho na YPF foi um momento de aprendizado acelerado em todos os aspectos. Nós compramos um monte de empresas e investimos em vários negócios. Participar das *due dilligences*, fazer a integração das empresas adquiridas, consolidar sistemas de informática e de telecomunicações, unificar estruturas e modelos de gestão de pessoas – tudo isso foi nascendo do zero, e gerou um aprendizado superbacana. Criamos as áreas, contratei gente, mandamos pessoas para serem treinadas na Argentina e em outros países da América do Sul. Era uma empresa de espírito jovem e muito dinâmica. Montamos uma equipe alinhada e empolgada – fazíamos tudo juntos. Éramos uma startup forte, com a meta de crescer rapidamente. Conseguimos. Quando saí da empresa, cinco anos depois, o quadro tinha mais de 3 mil funcionários e já éramos uma das 300 maiores companhias do Brasil. Mas aí fomos comprados pela Repsol, e a cultura corporativa mudou radicalmente – assim como o foco do negócio. O Brasil deixou de ser interessante. Para os espanhóis, donos da Repsol, a estrela passou a ser a Argentina. A Repsol se endividou bastante para adquirir a YPF. Com isso, cessou os investimentos no Brasil e passou a vender ativos para fazer caixa e reduzir a dívida.

Essa mudança de rumo foi um baque para mim, pois, de certa forma, meus planos estavam dando certo. Eu havia sido incluído no plano de sucessão como candidato à posição de *country manager* da YPF no Brasil. Havia um plano de desenvolvimento que me ajudaria com um passo a passo que incluía uma expatriação na Argentina e a transição para a liderança de uma unidade de negócio com responsabilidade sobre um P&L.

Naquela época, eu já fazia doutorado na Universidade Federal do Rio de Janeiro. Trabalhava e fazia doutorado, ou seja, um caos de vida pessoal. Quando aconteceu a compra pela Repsol e tudo começou a mudar, decidi sair da empresa, pedi demissão e fui para casa terminar meu doutorado adiando meus planos de carreira.

Largar uma posição de diretoria de multinacional teve consequências inesperadas. Abri mão do carro da empresa, da secretária, do telefone e laptop, do plano de saúde e perdi a equipe, o sobrenome corporativo e os bajuladores de plantão. Até aquele momento eu era muito requisitado para palestrar, dar entrevistas e opinar sobre decisões "relevantes" dentro e fora da empresa. Era, obviamente, um cara muito ocupado. Em dois tempos, tudo isso se evaporou. Confesso que foi um choque no início, mas fico feliz que tenha acontecido cedo na minha carreira, pois aprendi a dar a dimensão justa ao meu emprego e empregador dentro da minha vida e dos diversos papéis que desempenho.

Na base do *networking*

Quando cheguei à YPF, não entendia nada de RH e só pensava em sair da área. Para aprender um pouco, comecei – na cara de pau – a fazer *networking*. Primeiro, entrei em contato com o professor José Tolovi Jr., que era o responsável pela pesquisa do Great Place to Work no Brasil. Pedi para conversar com ele. Ele me atendeu numa boa e me recomendou falar com algumas pessoas e ler alguns livros. Peguei a lista das Melhores Empresas para Trabalhar e comecei a ligar na cara dura pedindo para falar com o diretor de RH da empresa. Queria saber o que eles faziam de diferente para estar no *ranking*. Sou uma pessoa introvertida, fazer esse *networking* não foi tão natural para mim.

Esse aprendizado me fez mudar a tese do meu doutorado, que seria na área de TI. Minha dissertação passou a ser: se gestão de gente faz diferença, as empresas que têm resultados melhores dentro do seu setor de atividade também devem ter uma gestão de pessoas diferenciada. Tomei três grupos de empresas para análise: as Melhores e Maiores Empresas, publicadas pela revista *Exame*; as Melhores Empresas para Trabalhar segundo a consultoria Great Place to Work e as Melhores Empresas de Gestão de Pessoas, um projeto da FIA que se baseava em avaliações de formadores de opinião e executivos. A pergunta óbvia era: quais são as empresas que estão nesses três grupos? Essas devem ser as melhores mesmo! O passo seguinte foi pesquisar cada um dos grupos e ver como cada uma daquelas empresas gerenciava gente e como isso impactava seus resultados.

A primeira surpresa nessa pesquisa foi que, nessa intersecção dos três grupos de pesquisa aparecia uma única empresa: a HP. Fora ela, entrei em contato com 52 empresas diferentes. Trinta responderam à minha pesquisa, que é um resultado surpreendente numa época em que a internet era incipiente. Os respondentes preenchiam um formulário manual com 95 perguntas. Como resultado, encontrei o que buscava:

definitivamente, as empresas consideradas melhores tinham práticas de gestão de RH diferenciadas. Eram práticas próprias ao jeitão de cada uma, com as quais os funcionários se identificavam. São os tais "propósito" e "cultura corporativa". Se você está bem com aquilo, tudo fecha.

O diferencial estava nesse alinhamento entre cultura, propósito, estratégia de negócio. As empresas com desempenho superior não eram *early adopters* [primeiros a aderir a uma prática] de nada, nem tinham uma gestão de pessoas tremendamente sofisticada, mas tinham coisas como um Departamento de Pessoal terceirizado e automatizado; uma cultura de *business partners*; participação muito maior dos líderes nas decisões de RH; escolha de pessoas por aspectos comportamentais e não técnicos. Coisas que são lugar-comum hoje, mas que foram descobertas interessantes na época. Tive a oportunidade de apresentar a minha dissertação no Congresso Mundial de RH de 2003.

O desconforto de ser RH

Essa história começou a mudar minha percepção do RH. Comecei a achar divertido, mas até gostar foi um tempo. Nessa época, comecei a ser convidado para fazer parte de grupos informais de profissionais de RH, mas eu não curtia. Sempre pedia para alguém da equipe ir no meu lugar. Eu sentia uma certa vergonha de estar no RH. A área tinha um estereótipo negativo nessa época. E eu sentia isso. Eu tinha receio da primeira impressão que as pessoas teriam ao me conhecer, de acharem que eu representava o estereótipo da área.

A verdade é que, pela minha atuação, acabei sendo identificado com o perfil "transgressor" que as empresas começavam a buscar para a área de Recursos Humanos. Muitas queriam contratar um "RH não tradicional" – ouvi isso várias vezes ao longo da minha carreira (e ainda ouço). Depois da YPF, a primeira que veio com esse discurso foi a BP (ex-British Petroleum).

Não me lembro se, na época, queria ou não permanecer na área de RH, mas acho que vislumbrei na BP a mesma chance que havia vivido na YPF, porque a BP ainda era meio startup, era um negócio pequeno no Brasil. Eu ainda estava naquela postura de "vou entrar pelo RH, mas, quando estiver lá dentro, vou tentar fazer outra coisa". Afinal de contas, a empresa era enorme. Era uma empresa de 120 bilhões de libras de faturamento e presente em 120 países, embora ainda pequena no nosso país. A diferença é que não tive essa conversa aberta com eles.

A BP tinha seis unidades de negócio no Brasil e seis *country managers*. Eu fui para ser RH de uma das unidades. Após quatro meses, virei o RH de todos os negócios, devendo interagir com todos os presidentes. Só que a BP é uma empresa de consenso. Aprendi a navegar as matricialidades do mundo corporativo e a negociar como ninguém. Cada negócio estava num momento diferente do seu ciclo de vida. Mais uma vez, tive de fazer um pouco de tudo: comprei e fechei empresas, reestruturei estratégia e estrutura comercial de *go-to-market*, participei de projetos internacionais, fiz expatriação de pessoal, trouxe expatriado para cá, entre várias outras atividades. Foi um período muito dinâmico, de muito trabalho e muitos projetos. Até que veio a oportunidade de ser expatriado para os Estados Unidos.

Fui para Houston, nos Estados Unidos, com minha família (mulher, um filho de 6 anos e uma filha de 3). Não foi legal porque RH nos Estados Unidos, de forma geral, é muito fraco. E era assim na BP também. O RH era um Departamento de Pessoal muito "tarefeiro". Aqui no Brasil, eu estava na mesa de decisão, tinha uma realidade desafiadora, fazia e acontecia. Fui trabalhar em um dos cinco ou seis prédios que ficavam em um *campus*, com mais de 5 mil pessoas, onde já tinham feito de tudo antes. Ou, pelo menos, pensavam dessa maneira. Não havia espaço para fazer nada de diferente ali.

No campo pessoal, também não foi muito melhor. Houston é a quarta maior cidade dos Estados Unidos, mas é seguramente a mais sem graça.

A expatriação acabou sendo uma decepção; fui para lá porque achei que a experiência seria boa para meus filhos e eu me identificava com a cultura da empresa. Além disso, fazia parte do meu plano de desenvolvimento. Mais uma vez eu fazia parte do plano de sucessão de uma empresa como candidato à posição de *country manager*. E a expatriação fazia parte desse plano. Ou seja, na teoria, estava tudo ótimo! Quando cheguei lá, porém, me deram um "trabalhinho de bunda". Eu, literalmente, desapareci dentro de uma estrutura gigantesca e não estava fazendo nada que me trouxesse qualquer aprendizado para continuar no rumo da carreira que eu queria seguir. Essa leitura de cenário foi rápida. Tentei mudar algumas coisas, mas obtive pouco sucesso. Dessa forma, logo comecei a planejar o meu retorno. Não queria interromper a experiência de forma abrupta e me comprometi comigo mesmo e com minha família que ficaríamos dois anos. Levei a situação para a empresa e acordamos a minha saída. Isso é algo difícil de se fazer, pois o interesse esfria e a performance é prejudicada. Mais uma vez, o plano de ir para o negócio teve que ser adiado.

Um arrependimento e um erro

Hoje, me arrependo de não ter ficado um pouco mais de tempo nos Estados Unidos. Não pela minha carreira, mas pela minha família. Dois anos foi uma experiência muito curta para uma aposta que era da família. Acho que não ganhamos o que poderíamos se tivéssemos ficado mais um pouco. Por exemplo, meu filho de 6 anos aprendeu inglês, mas esqueceu quase tudo. A de 3 aprendeu e esqueceu.

Quando saímos do Brasil, minha esposa teve de vender sua loja de sapatos no Rio de Janeiro. Nos Estados Unidos, ela fazia trabalho voluntário. Se eu tivesse insistido um pouco mais, talvez ela tivesse tido algum benefício profissional. Na época, porém, eu foquei muito forte no meu retorno para o Brasil. Era a vontade de colocar a minha carreira de volta nos trilhos.

Não considero isso um erro, mas uma frustração. Erro foi o que cometi ao aceitar uma proposta de trabalho por razões financeiras. Foi esse o motivo que me levou para a TAM; a proposta lá significava quase dobrar meu salário-base. Seria tentar enganar a mim mesmo dizer que foi pelo desafio (que era enorme) ou pela marca. O que me atraiu mesmo foi o salário. Cheguei a ser advertido por colegas de que o negócio lá era complicado, mas, quando você coloca uma ideia na cabeça e cria suas justificativas, fica difícil mudar a decisão.

O namoro com a TAM foi igualzinho aos outros: eles estavam mudando (tinham sido comprados pela LAN), passando por uma transformação cultural, e buscavam um RH não tradicional. As duas culturas eram muito diferentes, e eu tinha um perfil mais LAN do que TAM. Não houve encaixe cultural em vários aspectos. Me achavam independente demais, muito autônomo e pouco relacional. E a TAM é muito relacional. Depois de um ano e meio, já sabia que não queria mais ficar na empresa.

Não era só a percepção de que não me encaixava, mas de que a história do "vamos mudar" não era exatamente assim. Mudamos muita coisa para ficarmos no mesmo lugar. Foram várias iniciativas que começaram e pararam. Chega uma hora em que desanima. Eu já estava pensando em sair, mas a presidente foi mais rápida. Ela me chamou para uma conversa e disse que as coisas não estavam legais. Ela me pegou de surpresa, e fui demitido. Fiquei puto por não estar no controle da situação.

Combinamos uns dois, três meses para me ajeitar e sair. Isso é horrível. Jamais recomendo ficar tanto tempo numa empresa da qual você já foi demitido, porque a desconexão é imediata. Isso é errado e não é bom para ninguém.

Vou ser RH para o resto da vida

Entre BP e TAM, passei pela Reckitt Benckiser. Antes mesmo de eu voltar para o Brasil, comecei a fazer *networking* por telefone. Fui me apresentando a distância para outras pessoas, fazendo contatos, sondando o mercado. Nessas conversas, comentei com o Alejandro, um amigo argentino da época da Repsol, que estava procurando emprego. Ele me indicou para falar com o Luiz, um amigo seu que ele me havia apresentado em Buenos Aires dez anos antes. Eu não liguei, mas fui me encontrar com o Alejandro em seu escritório. Ele me cobrou a ligação e acabou fazendo a ponte com o amigo para me indicar. O Luiz comentou comigo que a posição de RH da Reckitt estava aberta e que quem estava fazendo a busca era o Ricardo Rocco, da Spencer Stuart. Eu ainda não conhecia o Rocco, mas fui atrás dele.

Quando finalmente consegui falar com ele, fui informado que já haviam feito uma oferta para um candidato e que a vaga estava quase fechada. Depois de um tempo, ele me ligou de novo e disse que queria conversar comigo. A vaga continuava aberta, e eu passei por aproximadamente seis entrevistas na Reckitt. Como sempre, eles estavam buscando alguém que não fosse um RH típico, queriam alguém que trouxesse resultados, que fosse estratégico. Passei por todas as etapas e assumi o RH da Reckitt no Brasil. Um ano depois, fui promovido para a América Latina. Gostei muito da experiência lá: era uma empresa com muita profundidade de conhecimento e agressividade comercial. A empresa era muito rápida e valorizava o conflito de ideias como forma de crescimento e aprendizado. Era um time muito arrojado e inteligente. Além disso, era um ambiente de trabalho internacional. Havia pessoas de 17 nacionalidades diferentes trabalhando no escritório de São Paulo.

Havia um único problema: a empresa não encorajava a rotatividade entre disciplinas, e aí assumi para mim mesmo: "Já era, vou ser RH para o resto da vida". No primeiro ano, trabalhei consertando problemas; no segundo, expandi a atuação da área e fui promovido da posição Brasil para a América Latina; no terceiro, meu RH virou *benchmark* para o grupo; e, no quarto ano, já estava de saco cheio. Queria fazer algo novo. Foi quando apareceu a TAM.

Meu período na Reckitt foi excelente, mas também vivi uma grande frustração quando estava lá. Eu seria expatriado novamente com a família, para Miami, para assumir o RH da América Latina. Estava tudo certo para a mudança. Me desfiz de tudo. Vendi minha casa, meu carro, minha bicicleta. Me desfiz até de roupas e móveis. Fui passar as férias em Israel e, na hora em que estávamos voltando para o Brasil para arrumar as malas e partir para Miami, recebi uma ligação do meu chefe dizendo que o escritório de Miami seria fechado e que, portanto, eu não seria mais expatriado. O time de liderança da América Latina ficaria baseado em São Paulo mesmo. Mais do que isso, que precisariam muito de mim para ajudar a fechar o escritório de lá. Eu estava com a passagem na mão e perguntei: "Como assim? Não tenho casa para onde voltar!".

Fui expatriado em Alphaville! Fui para um hotelzinho supersimples com a minha esposa e filhos. Levamos três meses buscando uma nova casa. Isso tudo em 2011, no *boom* do mercado imobiliário, o que tornou tudo mais difícil: eu não conseguia mais alugar uma casa do mesmo nível pelo mesmo valor de antes. Imagine a situação: tinha tirado as crianças da escola! Já tinham acontecido as festas de despedida aqui no Brasil. Enfim, já estava tudo certo. E, aí, tive de desfazer tudo. Como explicar para a família que o sonho estava desfeito? Fiquei puto, mas tive de me voltar para a família. Nessa hora, eu tinha de ajudá-los a superar o baque; depois eu ficaria puto.

Foi mais um teste daqueles que a vida frequentemente nos impõe. Claro que foi um momento difícil, mas foi superado. E, hoje, tenho mais uma história de crescimento e aprendizado para contar.

#amomuitotudoisso

Não me lembro quem, mas alguém me disse que a posição do McDonald's estava vaga e que era o Ricardo Rocco (de novo ele!) quem estava tocando o processo de seleção. Liguei para ele e contei que tinha sido demitido da TAM, embora ainda estivesse lá, e estava buscando recolocação. Ele me falou a respeito da vaga no McDonald's, mas disse que não era muito a minha cara e que o processo de seleção já estava nos "finalmentes". Eu insisti e pedi para ele arranjar um jeito para que o pessoal do McDonald's me conhecesse. A empresa me atraía muito: de origem americana, líder do setor, muito tempo de Brasil, estruturada, marqueteira, pragmática e orientada a resultados e ao cliente. Passado um tempo, consegui entrar no processo seletivo.

A seleção contou com um momento delicado. O COO da companhia na época, o Sergio Alonso (hoje CEO), me perguntou se eu comia no McDonald's, ao que respondi: "Com toda a honestidade, não". Mesmo assim, recebi uma proposta. Essa atitude da empresa me assegurou que eu poderia ser eu mesmo lá. Saí da TAM na sexta-feira e na segunda comecei no Mc. Isso foi em novembro de 2014. Hoje como de duas a três vezes por semana no Mc. #amomuitotudoisso. Meu sanduíche favorito é o Crispy Onion Barbecue e o *milk-shake* de Ovomaltine é incomparável, bebo a qualquer hora do dia.

Adoro meu trabalho no Mc, onde tenho a missão de oferecer a melhor experiência de primeiro emprego a milhares de jovens. Tenho uma equipe incrível e somos reconhecidos pela nossa contribuição para a evolução do negócio.

RH antes e depois

Acho que o movimento no final dos anos 1990 de trazer para o RH gente com outras formações realmente ajudou a transformar o RH. O pessoal de RH foi obrigado a se mexer. Eles perceberam que estavam perdendo espaço e foram atrás do prejuízo com formação, busca de conhecimento e também expandiram seus horizontes tendo experiências fora do RH. A adoção de tecnologia e de outras ferramentas mais *hard* também ajudaram muito a área a se desenvolver. Nesse movimento do "novo RH", todos ganharam: os profissionais de RH e de outras disciplinas e as empresas.

O objetivo de toda empresa é aumentar sua produtividade. E existem claramente seis áreas onde o RH pode contribuir para isso, de forma direta ou indireta: aumentar receitas; reduzir custos; mitigar riscos; desenvolver talentos e líderes; engajar o público interno; e promover a inovação.

Por isso o RH não pode ficar apenas no escritório, precisa ir aonde o negócio está. Nas empresas por onde passei, por exemplo, eu visitava campos de petróleo, supermercados, farmácias e aeroportos. Na Arcos Dourados, vou a diversas cidades para visitar nossos restaurantes, acompanhar o atendimento e conversar com nosso pessoal e clientes. É ali, afinal, que está o negócio – e é onde interagimos com o cliente. Para entender os movimentos de mercado, costumo visitar praças de alimentação, avaliando os nossos restaurantes e os da concorrência. Todos os membros da equipe de RH fazem isso periodicamente. Depois dessas visitas, eles trazem as percepções e aprendizados para refletirmos e tomarmos ações internas. Há muita gente entrando nesse segmento. Nosso desafio é continuar sendo líder e conseguir que nosso cliente se mantenha fiel.

Em resumo, o RH pode contribuir para o negócio se tiver o chamado "sentimento de dono", sede de aprendizado e a inquietação permanente pela melhoria contínua.

O RH moderno vai além das fronteiras tradicionais da função. Ele tem atitude e ocupa seu espaço na mesa de decisões, questionando, debatendo, fazendo propostas. Há profissionais fantásticos liderando o RH de empresas brasileiras. E muitos deles estão liderando transformações profundas em suas organizações, fazem a diferença para milhares de pessoas e para o negócio. Tenho muito orgulho de fazer parte dessa comunidade que um dia me acolheu com generosidade. Hoje participo de vários grupos (por exemplo, ABRH, G3, Diógenes) e aprendo muito com meus colegas.

Ainda falta ser CEO

O principal executivo de uma empresa tem de ler o cenário externo e compreender a complexidade, a ambiguidade e as incertezas. Olhando para dentro, precisa entender as competências da sua organização. A partir daí, pode definir o potencial mercado consumidor e a estratégia para chegar nele. Tem de ter peito para tomar decisões sem ter a informação completa – porque não vai ter mesmo. Criar credibilidade e confiança para conseguir engajar os times na execução dos planos. Viver o dilema permanente entre o curto e o longo prazo, entre planejar e executar, entre dar liberdade e cobrar resultado, entre fazer o que tem de ser feito e fazer o que gosta de fazer ou o que sabe fazer. Mas não é isso que todo executivo, *head* de função, tem que fazer?

Digo mais: o *head* de RH é o profissional mais bem posicionado para desenvolver as habilidades requeridas para ser CEO. Acho que o cenário permite, sim, que um CHRO assuma a presidência de uma empresa, pois a preocupação maior hoje é como lidar com gente. Já tivemos a onda do CFO que assumiu muita cadeira de número 1 em momentos de crise, de custos, de racionalização. Em momentos de expansão, pode-se pensar nos profissionais de marketing. E agora? Sinceramente, acho que chegou a vez de o cara do RH entrar no páreo.

Conselhos para um jovem profissional

Diga não à mediocridade. Busque sempre fazer o seu melhor. Não se acomode, não se renda ao *status quo*. Seja curioso, mantenha-se atual, estudando constantemente. Canalize seus esforços para as suas áreas de interesse e para aquilo que você sabe fazer. Não responsabilize ninguém pelos seus insucessos ou pela falta de oportunidades. Pense no longo prazo. Dinheiro não deve ser o principal fator para suas decisões. Apoie-se em boas pessoas: tenha bons chefes e mentores. E tente se divertir enquanto faz tudo isso.

13

MARCELO WILLIAMS

Coach executivo e membro de conselhos administrativos

Williams passou quase duas décadas da vida profissional na gigante de bens de consumo Unilever, onde começou como gerente de Remuneração e chegou até a posição de vice-presidente de Recursos Humanos para a América Latina. Formado em Ciências Econômicas pela Universidade de Buenos Aires, o argentino de 56 anos nunca imaginou atuar em RH, mas caiu na área logo na primeira experiência de trabalho após a graduação. A empresa era a Philips, na qual entrou para lidar com remuneração, porém com a promessa de migrar para a área financeira após um ano de casa – oportunidade que, mais tarde, rejeitou, ficando definitivamente na área de pessoas. Passou por Recrutamento, Desenvolvimento e Relacionamento Sindical na multinacional holandesa até chegar à Unilever, pela qual trabalhou na Argentina, na Inglaterra e, finalmente, no Brasil. Acredita que o RH é o influenciador que mobiliza a organização para fazer as transformações necessárias a sustentar o negócio – filosofia que segue até hoje como *coach* executivo e membro de alguns conselhos administrativos, como o do Grupo Boticário.

Nunca imaginei que faria carreira na área de Recursos Humanos. Sou de uma família de classe baixa cuja aspiração era que os filhos subissem um degrau acima do pai. A minha mãe tinha apenas o Ensino Fundamental, mas, apesar da sua pouca formação, era dona de uma enorme clareza de vida. Meus pais costumavam dizer que a melhor maneira de nos libertar não seria fazendo uma revolução, mas nos educando. Nessa época, vivíamos na Argentina uma tremenda mobilidade social, e a educação pública era muito forte. A regra em casa era estudar, e, por isso, comecei a trabalhar apenas quando terminei o colegial. Eu fazia faculdade de Ciências Econômicas, não tinha muita clareza do que buscava, a não ser que queria trabalhar com números. Minha mãe me instigou a trabalhar numa empresa "séria". E foi por isso que me inscrevi no processo seletivo da Philips, no qual fiquei entre os três finalistas. No final, me disseram que me queriam na empresa, mas não tinham vaga na área financeira, apenas na área de pessoal, como era chamado o RH na época. Para que eu aceitasse a proposta, fizeram um compromisso comigo de que, após um ano, me transfeririam para a área financeira. De uma maneira muito gentil, eles ainda me ofereceram, dentro da área de pessoal, a parte de remuneração – que tinha mais a ver com a minha natureza.

Entrei no RH num período curioso da história da Argentina. A ditadura durou de 1976 a 1983. Eu ingressei na Philips um ano depois, e, nesse momento, muitas empresas estavam fazendo trocas no número 1 da área de pessoal, que até então era liderada muitas vezes por militares. Eles estavam lá por dois motivos: o ruim, que era controlar de perto as fábricas, celeiros de sindicalistas e revolucionários, e o bom, que era usar seu poder e influência para garantir ao governo que tudo estava em ordem naquele ambiente. Podemos chamar esse período de pré-Departamento de Pessoal. Era menos do que um Departamento de Pessoal. A função do RH na época da ditadura era manter os sindicatos sob controle.

Em 1984, eu trabalhava num típico Departamento de Pessoal. Nós começávamos a olhar a remuneração com um olhar mais estratégico, mas não tinha impacto na estratégia. Entre 1984 e 1990, trabalhávamos basicamente destinados a definir políticas, mas sem a lógica da estratégia de negócio. Desenhávamos as políticas para que todos tivessem clareza de como seguir na organização. Esse era o objetivo. Havia muitas empresas que mantinham suas "caixas pretas", lugares onde funcionários não sabiam seus níveis nem as faixas salariais. No final da década de 1980, participei de um curso em que se explicava como definir cargos – para mim, aquilo era a NASA.

Após um ano, a Philips cumpriu sua promessa, e me foi oferecida uma posição na área financeira. Eu disse ao líder da área na época: "Senhor, agradeço, mas não sei se quero ir. Estou adorando o que tenho feito na administração de pessoal". Ele já havia percebido meu perfil, e eu fiquei. Fui pegando as coisas que me faziam feliz e, assim, fui me empolgando e crescendo. Somado a isso, tive sorte. Lutei muito, trabalhei, mas é preciso ter sorte também.

Após a área de Remuneração, fui para Recrutamento. Até hoje acredito que, de todas as áreas de Recursos Humanos, esta é a que tem mais arte e menos ciência. Posso ensinar muita coisa em RH (remuneração, treinamento etc.), mas recrutamento, não. Você não consegue ensinar ninguém a reconhecer o tal brilho nos olhos. O meu chefe na época, o gerente de Relações Industriais, me ensinou a aprender fazendo. Era esse o estilo. Havia menos urgência, tínhamos mais tempo e aprendíamos durante o trabalho. Sem essa de sala de aula.

Passei dois anos em Remuneração, dois anos em Recrutamento e Desenvolvimento e os últimos dois anos em Relações com Empregados, cuja função era mediar os conflitos, lidar com o sindicato. Eu me dei muito bem nesse campo, pois esses caras representavam meu pai – para mim, era muito simples falar com eles. Eu me sentia confortável naquele ambiente fabril. Então, apareceu a Unilever.

A segunda e última empresa da carreira

Na minha época de Remuneração, acabei fazendo alguns contatos em outras empresas, inclusive na Unilever. A Unilever – Gessy Lever, no Brasil, e Lever Hermanos, na Argentina – poderia ser considerada na América Latina o que a GE representava para o mundo. E foi de lá que veio o convite para eu trabalhar. Falei com minha mulher e com minha mãe, que se preocupava em saber se a empresa era séria. Comecei a citar os produtos da empresa: OMO (na Argentina, era Skip), Rexona, Lux. Aceitei com lágrimas nos olhos (pois gostava muito da Philips), mas aceitei.

Já tinha até feito avaliação médica na Lever quando comuniquei meu chefe – ele era o diretor de Pessoal, que se reportava ao CEO. Ele me disse que me via como seu sucessor; afinal, em 10, 15 anos ele sairia. Agradeci, mas já estava convicto. Ainda assim, ele foi falar com o CEO, um holandês que, ao me chamar para conversar, disse com todas as letras que eu não iria para a Lever, que havia um acordo entre as empresas de que uma não podia tirar gente da outra. Eu nunca fui sofisticado. Sou especialista em luta na lama e, por isso, tive coragem de dizer que não era problema meu se existia esse acordo. Eu iria mesmo assim. Ele questionou a oferta da Lever e me ofereceu mais dinheiro: 3 milhões e 500 mil pesos – isso significava 60% a mais do que eu ganhava na época. Vivíamos uma inflação altíssima na época. Agradeci mais uma vez e disse que não por duas razões: 1) preferia não saber que ele tinha aquele dinheiro e não me oferecera antes; e 2) eu já tinha dado minha palavra à Lever.

E assim, em 1991, eu começaria minha carreira como gerente de Remuneração na Unilever, empresa em que fiquei até o final das minhas atividades corporativas, em 2012.

Uma empresa com fome

Assim que entrei, descobri que o plano estratégico da Unilever era fazer aquisições. Tudo lá era muito sofisticado. Três anos depois, em 1994, eles pediram que eu passasse a Remuneração para outra pessoa porque iríamos começar a comprar empresas. Cada vez que comprávamos uma empresa, o Financeiro e o RH eram chamados. Na Unilever, a poltrona de RH sempre foi de peso. Isso faz parte da genética, da cultura da empresa. O líder de Pessoas, se não era um cara respeitado, era ao menos temido.

No restante do mundo corporativo, porém, não era assim. Numa das empresas que compramos na Argentina, por exemplo, os executivos "comprados" me olhavam com desprezo. Era como se a minha função fosse servir o cafezinho, porque, nesse período, era essa a imagem que os líderes de negócio tinham do RH: um parceiro de segunda categoria. Nas reuniões, as empresas estavam acostumadas a chamar o RH por último, para fechar a história. Ou seja, faziam tudo errado e, muitas vezes, tiveram de refazer tudo. Imagina você comprar uma empresa de 500 pessoas com o plano de ficar com apenas 50% delas. Sem ter essa noção antes, você, RH, entra na companhia e passa uma mensagem de paz e amor para os 500. Alguns dias depois, porém, age de modo contrário e destrói sua reputação. Se eu enxergo antes o cenário, posso ser econômico com a verdade, sem mentir jamais. A comunicação é mais transparente. Sinceramente, não consigo imaginar um RH chegando três dias depois que as decisões foram tomadas.

No meu caso, já naquela época, era totalmente diferente. Eu era chamado para participar antes. Durante esse período de aquisições, a minha função era fazer o diagnóstico das empresas compradas: entender como funcionava a lógica da empresa, identificar rapidamente as pessoas-chave, propor uma estrutura organizacional que combinasse com a nossa. Perguntei para o meu chefe que cargo colocaria no meu cartão de visita. "Coloque o quiser", respondeu. Eu era jovem, e o título no cartão de visita era muito relevante. Dois anos depois, compreendi a mensagem – pouco importa o título, o que realmente importa é o que você aprende e entrega. Isso foi muito relevante no jeito como desenvolvi minha carreira e, sobretudo, nas relações que construí e que mantenho até hoje.

Fiquei dois anos fazendo esse trabalho e participei da aquisição de umas três, quatro empresas de grande porte, entre elas uma de detergentes e outra de congelados. No Brasil, havíamos comprado a Kibon. Foi uma experiência ímpar participar desses momentos.

O que faltava?

Apesar de estarmos numa empresa do mundo, extremamente diferenciada e sofisticada, ainda não tínhamos uma visão global. Eu não sabia nada do meu par no Brasil, por exemplo. Vivíamos as operações de maneira muito isolada. Não havia uma conexão cultural. Hoje, ultrapassamos isso. Tudo está conectado demais – a ponto de algumas decisões serem tomadas sem cuidado com aspectos locais. E isso pode ser desastroso. Nós não tínhamos, não vivíamos a complexidade global.

Em 1996, assumi tudo: Recrutamento e Seleção, Desenvolvimento de Talentos, Desenvolvimento Organizacional, Clima e Cultura (esses dois ainda eram temas incipientes). Entre 1997 e 1998, comecei a sentir alguns sinais fortes de que seria bom ter uma experiência internacional, mesmo para um torcedor fanático do San Lorenzo e de raízes bem fortes.

Um portenho do mundo

Primeiro me ofereceram El Salvador, depois a Colômbia, e declinei dos dois. Entendia que pertencia a uma companhia que estava se globalizando, mas não queria ir para certos lugares. E a sorte bateu novamente. A Unilever havia comprado a Best Foods, e, com isso, veio o convite para ir para Londres. Sofri com meu inglês, que era bem básico, mas sabia reconhecer minhas limitações. Lá eu não era o mesmo cara bom que era na Argentina (e eu me achava muito bom). O inglês era uma barreira, e eu usava de jogo de cintura para poder sobreviver. No Brasil, anos depois, fui um dos primeiros a tirar a obrigatoriedade do inglês nos programas de *trainees*. Se eu encontrasse um candidato brilhante e diferenciado, ele poderia aprender inglês. Caso fosse o contrário e eu identificasse um profissional fluente em inglês, não sei se poderia torná-lo brilhante.

Depois de dois anos e meio em Londres, quis voltar para a Argentina. Eu estava viajando muito pela América Latina e minha família (mulher e dois filhos), instalada em Londres. A essa altura, o Brasil era a segunda operação da Unilever no mundo, e me convidaram a vir para cá. Eu ainda não tinha sido o número 1 de RH. Em Londres, era vice-presidente, mas do *staff*. No Brasil, a empresa tinha quatro divisões totalmente diferentes, cada uma com um líder de Recursos Humanos – e um vice-presidente de RH Corporativo. Cheguei ao país em 2001 e assumi três das quatro vice-presidências de Recursos Humanos.

A partir de 2000, a Unilever estava muito mais globalizada e ainda mais sofisticada. Entravam na pauta conceitos como *workplace* e diversidade. Fomos para Michigan aprender com David Ulrich o modelo do Centro de Serviços Compartilhados, que fazia todo o sentido. Quando lançamos esse modelo, no entanto, percebi um monte de gente do RH sem entender nada. O RH ficou meio perdido. Alguns achavam que, a partir daquele momento, o executivo de RH precisaria dar uma forte opinião em tudo sobre o negócio – mesmo sem ter estudado nada do negócio. Levou um bom tempo para o RH entender o que significa a expressão "fazer parte do negócio".

Influência do RH no negócio

Nos últimos dez anos, acredito que o RH passou a ser cada vez mais demandado em termos de influência, para cima e para os pares. Senti isso na prática. Tive a responsabilidade de influenciar os líderes em prol do negócio. Nesse momento vivíamos, por exemplo, um paradigma de gênero: mais de 50% de mulheres se formavam nas universidades, mas o que acontecia depois, para que não ficassem na empresa?

As que ficavam e subiam acabavam se masculinizando, porque era esse o código. Esse perfil corporativo bloqueou a ascensão de muitas mulheres. Tive de influenciar meus colegas (90% homens) a fazer coisas diferentes para romper essa barreira, como estender a licença-maternidade para seis meses, construir um berçário. Por quê? Porque as mulheres são as responsáveis por nossas compras. Nós precisamos delas na liderança. E você acha que foi fácil convencer que precisava montar um berçário?

Esse é o trabalho do RH: influenciar, convencer a fazer a transformação necessária que irá sustentar o negócio. Agora, obviamente, você não faz isso sozinho. Tudo pode ser extraordinário na teoria, mas, se o líder de negócios não topa, nada acontece. Quando há uma admiração e um respeito mútuos entre o CEO e o CHRO, as coisas acontecem para o bem de todos. Se o CEO não compra a ideia, tudo vira uma grande mentira. Não há CHRO que consiga influenciar e transformar sem o apoio do presidente. E isso ainda é raro. Hoje, todos os CEOs falam de pessoas, mas pegue a agenda deles de reunião de diretoria e veja quanto tempo dedicam de fato às pessoas. Normalmente, nessas reuniões, as três, quatro primeiras horas são dedicadas para tratar de mercado, finanças, logística. No final, quando falta meia hora, decidem falar de pessoas. Esse CEO, que normalmente enche a boca para dizer que não tem um bom CHRO, geralmente é aquele não tem tempo para pessoas.

Fui muito afortunado na minha carreira pelos CEOs que tive. Posso dizer que, de 2001 a 2012, não tive um CEO que não acreditasse de verdade em Recursos Humanos. Algumas vezes cheguei a ter chefes de RH que gostavam menos de pessoas do que de negócios.

Sim, precisa gostar de gente

É importante também ter a consciência de que você vai perder algumas batalhas. De cinco, certamente vai perder uma – é inteligente escolher qual você vai perder de propósito, para poder ganhar as outras quatro. Percebi que, desse período para a frente, muitas pessoas se reinventaram. Foi preciso. Do contrário, ficariam fora do jogo – ou a empresa ficaria fora do jogo.

Há tantas coisas extraordinárias que o líder de pessoas pode fazer para mudar o mundo! Essa transformação cultural deve ser promovida pelo CEO e pelo CHRO – ninguém mais. É ele também – o CHRO – a pessoa com quem o CEO irá desabafar, pois o poder é solitário. Acredito que o líder de RH precisa, obviamente, entender de negócio, mas precisa também gostar de pessoas. Tenho encontrado muitas pessoas extraordinárias que não gostam de pessoas. Os melhores profissionais de RH, aqueles que realmente impactaram o negócio, têm em sua essência o entendimento do ser humano. Meu desafio como profissional foi entrar desde cedo na outra parte. Fluxo de caixa você aprende, mas a sensibilidade de saber quando você está puxando demais a organização, estressando demais ou afrouxando demais, não. E é isso que o CEO espera do seu CHRO.

Isso sempre esteve na minha essência. Não me lembro de voltar para casa vibrando porque a empresa tinha crescido dois dígitos. Ficava empolgado porque sabia que, por causa daquele crescimento, eu poderia fazer mais investimentos nas e pelas pessoas. Líderes de RH não fazem crescer cinco pontos o *market share*, mas desenvolvem líderes fantásticos que irão fazer a empresa crescer esses cinco pontos.

Meus erros

Cometi um milhão de erros, mas alguns doeram por mais tempo. A maioria foi por subestimar alguma coisa ou alguém. Passei três anos comprando empresas e fechando fábricas. No geral, as pessoas saíam felizes. Um dia deparei com uma companhia com 60 operários que não fazia sentido manter, mas subestimei o funcionamento dessa fábrica, não estudei o suficiente aquele lugar e descobri que eles tinham uma ligação sindical com outra, muito maior. Houve uma super-resistência. Todos trabalhavam várias horas extras, o que significava duplicar o valor de fechar a fábrica. Foi duro, mas negociamos por três dias. Chegamos a um acordo. Eu tinha 30 anos e aprendi que experiência não é suficiente. Você precisa questionar sempre.

O outro erro que me marcou foi no Brasil, em 2005. Nós quisemos implantar muito rapidamente o conceito "One Unilever", que juntaria todas as marcas. Fizemos um trabalho duro de estrutura, e subestimei o lado *soft*, o de juntar todos. Como juntar todos, sem fazer nada antes para que se integrassem? Percebi esse erro na festa de final de ano. Fizemos uma superfesta, e, quando deu 23 horas, todos os funcionários de Alimentos e Sorvetes foram embora. Ficaram apenas os de Home Personal Care. Nós queríamos tanto fazer as coisas rapidamente (tudo foi feito em três meses) que atropelamos etapas. Percebi ali que um time não se sentia parte daquele todo – e nós não tínhamos feito nada naquele período para que eles realmente se sentissem parte. O que era para ser uma grande fusão foi um enorme fracasso.

Modismos

Fazer *benchmark* das melhores empresas é muito bom. Eu fiz vários. Quando decidi avançar no conceito de *workplace*, fui atrás do Deli Matsuo, que estava à frente do RH do Google, para entender como ele havia feito, como era na prática ter horário flexível etc. A diferença estava em entender que a Unilever não é o Google. O negócio é diferente, a complexidade é outra, a cultura, idem. Portanto, é impossível copiar e colar práticas de outras empresas. Eu até posso concordar com o que a GE está fazendo em termos de avaliação de desempenho, mas isso é algo que funciona para três, cinco empresas no mundo. É preciso ter um nível de maturidade gigante.

Nós fomos extremamente copiados várias vezes. Talvez o nosso programa de *trainees*, por ser tão pioneiro, tenha sido o mais copiado pelas empresas. A primeira turma de *trainees* teve início há mais de 40 anos, mas era um processo interno. Aí veio a Sofia Esteves e fez uma coisa diferente. Todo mundo veio atrás e comprou o programa de *trainees*. Depois, nos buscaram para entender como trabalhávamos a diversidade e, muitas vezes, para entender qual era o tipo de discussão no Comitê de Calibração.

O futuro da área

A função de Recursos Humanos nunca vai desaparecer. Alguns profissionais vão apenas perder espaço porque não sabem ainda o que devem fazer. É preciso ocupar sua total dimensão. Na empresa, o líder de RH deve ser a maior autoridade para falar de cultura e negócios, mas, se não ocupar esse lugar, não terá voz.

O que dá credibilidade ao líder de RH é o equilíbrio. É muito bom ser reconhecido como pessoa equilibrada, que vai optar pelo melhor negócio, que vai decidir o que é melhor para todos. Essa habilidade de articular é fundamental no líder de RH. Isso é política? Sim, é um pouco de política. Um dirigente de alto nível precisa fazer política para o bem das pessoas. Fazer política na empresa não é ruim; fazer política em benefício próprio, sim. Muitos profissionais de Recursos Humanos fazem política em benefício próprio, uma política meio maquiavélica. Jogam politicamente para eles mesmos, e não para potencializar os indivíduos e a organização.

Os que sabem fazer a boa política e ocupam espaços estão vivendo um momento extraordinário da área. E os próximos 20 anos serão melhores ainda que os últimos. Participar deste momento de transformação é algo mágico e fará com que os bons líderes de RH estejam preparados para assumir o que quiserem, até a posição de CEO. Nunca pensei em ser CEO; não por ser RH, mas por ser Marcelo Williams.

14

WAGNER BRUNINI

Consultor e professor no MBA de Gestão de Pessoas da Fundação Instituto de Administração

Em 2018, Brunini completa 50 anos de carreira em Recursos Humanos. Atual consultor independente e professor no MBA de Gestão de Pessoas da Fundação Instituto de Administração (FIA), o paulistano de 65 anos começou a trabalhar aos 16 como *office boy* do RH da Willys Overland, montadora de automóveis americana, conhecida por ter criado, em parceria com a Ford, o famoso Jeep usado na Segunda Guerra Mundial. Logo nos seus primeiros passos de carreira, assistiu à fusão da Willys com a Ford, companhia em que permaneceu até os 27 anos. Por influência dos colegas e do meio, decidiu cursar faculdade de Ciências Sociais. Na Ford, fez a migração do Departamento Operacional clássico para a área de Treinamento, onde se destacou e ganhou visibilidade. Em 1979, recebeu convite para ser coordenador de Treinamento no grupo alemão Henkel, fabricante de produtos químicos, como detergentes e adesivos, no qual chegou ao cargo de gerente de Administração de Pessoal e Treinamento dois anos depois. Em 1983, saiu da Henkel e entrou na BASF, iniciando uma relação de mais de 30 anos. Ali, começou como coordenador de Treinamento, foi expatriado para a Alemanha, passou pelas cadeiras de diretor de RH

Brasil e diretor de RH para a América do Sul e chegou ao posto de vice-presidente de RH para a América do Sul, sua última posição até se aposentar, em 2014.

Dia 25 de outubro de 2018 vou completar 50 anos em Recursos Humanos – uma longa trajetória que começou no primeiro nível da hierarquia: entrei, com 16 anos, como *office boy* na Willys Overland. Minha função era entregar correspondências para o Departamento de Pessoal. Meu "cargo" era auxiliar de arquivista. Seis meses depois que entrei, a Ford e a Willys se uniram e vivi a minha primeira experiência de fusão.

Na Ford, trabalhei de 1968 a 1979, sempre na área de Recursos Humanos. Participei de toda a burocracia do Departamento de Pessoal: fiz cartão de ponto, folha de pagamento, ajudei a organizar férias, documentos e seleção. Essa fase era efetivamente burocrática, e eu me destaquei porque era muito ágil em datilografia. O chefe passava a tarefa e era hora de dar um show na máquina. Eu sabia que precisava demonstrar minha competência, ainda que, naquele momento, competência fosse um show na máquina. Depois disso, comecei a fazer a integração; meu papel era falar sobre a Ford para os recém-admitidos. Passávamos aquele filme sobre o mundo de Henry Ford e explicávamos o que era a empresa. Ali eu me descobri – foi a atividade que me lançou nos treinamentos. Eu ainda passava papéis para assinar, mas assumi a incumbência de falar da Ford.

A minha primeira mudança começou ali: saí do Departamento de Pessoal, das tarefas operacionais, para fazer treinamento de pessoal.

Aquilo que eu tinha como atividade mais burocrática passou a exigir mais conceito. Na Ford, fizemos um dos primeiros programas de treinamento para liderança. Tínhamos instrutores formados. Minha supervisora era cientista social; acabei optando por Ciências Sociais por influência desse meio. O treinamento começou a ter aspecto de sala de aula.

Por um período, saí do treinamento e fui para a fábrica de São Bernardo do Campo, a primeira fábrica de tratores da Ford. Minha missão era recepcionar e fazer a integração dos estrangeiros que chegavam para o lançamento do primeiro trator Ford fabricado no Brasil. Me chamaram pela minha prévia experiência na fase de integração, porque eu era empático e falava um pouco de inglês. Como característica da minha personalidade, sempre tentei entender que do lado de lá havia um cliente. Sempre tentei ajudar. Isso era mais poderoso do que a língua em si. Mas eu me virava no inglês. A Ford pagou meu curso desde que era *office boy*; na época, nosso diretor de Recursos Humanos era um americano. Fiquei mais ou menos um ano nessa função, até que me chamaram novamente para os treinamentos. Era a época da Lei 6.297, que teve uma influência gigante nos treinamentos empresariais pelo seu incentivo fiscal (a Lei 6.297, de dezembro de 1975, previa dedução do lucro tributável, para fins de imposto sobre a renda das pessoas jurídicas, do dobro das despesas realizadas em projetos de formação profissional).

Passei a ser coordenador, deixando o treinamento de linha e assumindo o treinamento do *staff*. Naquele momento, deixei definitivamente a fase burocrática do Departamento de Pessoal para assumir de vez um papel mais desenvolvimentista.

Embora, nessa fase, a área de Recursos Humanos tivesse um valor muito diferente do de hoje, eu estava num lugar que era referência em Gestão de Pessoas. Por volta de 1975, a Ford já tinha, por exemplo, um programa de *trainees*. Era uma empresa que se voltava cada vez mais para o desenvolvimento das pessoas, e seu departamento de Relações Industriais – era esse o nome da área – era muito respeitado.

Por força da lei, treinamento e desenvolvimento começaram a entrar na pauta das empresas, mas de uma forma ainda tímida. Ao mesmo tempo que percebemos uma evolução na área de Pessoas, tivemos de dar um passo atrás por causa dos movimentos grevistas. Em 1978, eclodiu a primeira greve do setor automobilístico, iniciada na Scania, o que forçou o RH a mostrar novamente sua postura negocial.

Meu lado Geração Y

Quando completei 11 anos de Ford, bateu meu lado "geração Y", e comecei a ficar irrequieto. Já estava casado, com filhas, era bem conhecido na empresa, querido, e tinha muita vontade de crescer. Àquela época, as promoções se revelavam nos níveis. Entrei no grau 0 e cheguei ao grau 7. O próximo grau era reservado a supervisores e o seguinte, a gerentes.

Os movimentos grevistas, no entanto, pintavam um cenário nada animador. O ambiente de trabalho começava a passar sinais mais pessimistas. Você via pessoas indo embora, excelentes profissionais do meio deixando a indústria automobilística e se perguntava: qual a probabilidade de crescimento ali? Eu sabia que era mínima.

Por tudo isso, comecei a olhar o mercado, e aí apareceu uma oportunidade como coordenador de Treinamento na Henkel. Fiz uma autocrítica, ouvi minha esposa e decidi deixar a Ford. Saí de uma empresa de 12 mil funcionários para uma de mil. Deixei para trás a escola americana e entrei para a escola alemã pela primeira vez, sem saber que não sairia mais dela.

Cheguei à Henkel em 1979, como coordenador de Treinamento. Na prática, troquei seis por meia dúzia. Decidi ir por visualizar nessa empresa uma oportunidade de crescimento na carreira. O que encontrei na Henkel, porém, foi um típico Departamento de Pessoal que queria implementar treinamentos. E foi o que fiz. Dar treinamento é algo extremamente gratificante para quem quer conhecer e ser conhecido. E um ano depois, aos 28 anos, eu já era gerente de Administração de Pessoal e Treinamento, acumulando, portanto, as funções de recrutamento e seleção.

O plano estava dando certo. Eu queria mesmo acelerar a carreira e aumentar minha remuneração, além de ter uma abrangência maior. Como gerente, me reportava diretamente ao número 1. Paralelamente, o RH ainda se movimentava naquele mundo dividido entre os "*bad guys*" (os burocráticos, legalistas) e a parte legal, sofisticada (os desenvolvimentistas). Nesse segundo grupo, do qual eu fazia parte, um bando mais filosófico, havia pessoas de formação humanista, sociólogos e psicólogos em sua maioria.

Então, no dia 9 de setembro de 1983, recebi um cartão vermelho. Fui demitido. O diretor que me havia levado deixou a empresa, e, na sequência, me tiraram. Foi muito duro, um baque profundo, especialmente porque o cenário em 1983 lembra o Brasil de hoje, em termos de crise. O mercado estava muito retraído, a inflação era altíssima, o desemprego, gigantesco, e eu sabia que precisaria me recolocar; afinal, tinha família e contas para pagar. "O que eu faço agora?", pensei.

Reflexões de carreira

Nessa época, o Minarelli (José Augusto Minarelli, da Lens & Minarelli, empresa especialista em transição de carreira) estava começando a introduzir o conceito de *outplacement* no Brasil e me orientou. O mercado começou a me chamar, e o Minarelli, como um guru, me dizia para eu ir ou não. Entre esses convites, cheguei a receber uma proposta para ser chefe de Departamento de Pessoal de uma empresa na Via Dutra. Eu já estava aprovado e, por mim, tinha aceitado na hora. Mas Mina me disse: "Não, você precisa ter consistência no currículo". Fiquei louco; afinal, eu estava desempregado, mas aceitei a orientação dele.

Em 5 de dezembro de 1983, indicado pelo Hélio Castro, o diretor de RH que havia deixado a Henkel e ido para a Hering, recebi uma proposta da BASF para ser coordenador de Treinamento. Essa vaga, o Mina aprovou. Se fosse por mim, iria para a outra – teria telefone, sala e todo o luxo de um chefe, mas não teria a tal consistência.

Na BASF, voltei ao começo, sentei no meio dos outros e passei – mais uma vez – a dar treinamentos. Foi a melhor decisão da minha carreira: dois anos e meio depois, eu já era gerente de Treinamento (com direito a sala, carro, telefone e secretária).

Uma empresa desenvolvimentista

Tinha entrado no lugar certo, na hora certa, na empresa certa. Em 1983, Treinamento e Desenvolvimento vai mais para desenvolvimento do que treinamento. Você deixa de ser um mero instrutor e passa a incutir conceitos mais sofisticados de desenvolvimento de pessoas. Participei da minha primeira "clausura" na BASF. "Clausura" era o nome dado à reunião reservada somente ao alto escalão e ao diretor de RH. Eu ficava de suporte do lado de fora da sala. De qualquer forma, eu pensava, estou próximo ao grupo estratégico de desenvolvimento de carreira da empresa. À noite, durante o jantar, eu participava das conversas. Me sentia bem, ainda que não no núcleo de análise e decisão. Tudo o que vivi e aprendi com esse trabalho de suporte serviu muito para quando passei a participar do grupo na condição de diretor de RH. Toda experiência é válida!

A preocupação da BASF com desenvolvimento de pessoas e sucessão sempre foi forte. Não à toa, a cada três, quatro anos, acontecia alguma coisa na minha vida profissional – maior visibilidade, promoção, mais responsabilidade ou expatriação. Era esse o ritmo. Em abril de 1989, eu já estava sendo observado quando o diretor de RH me pediu para ir para a fábrica da Glasurit (atual Suvinil) para ajudar numa greve que já durava 14 dias. Foi minha segunda experiência com união entre duas empresas. Embora não fosse uma fusão propriamente dita, BASF e Glasurit se uniram estratégica e administrativamente. Eu conhecia bem as duas empresas e tentei agir como conciliador. Só depois percebi que aquilo era um teste para saber como eu trabalhava com conflitos. Dois meses depois, me tornei diretor de RH da Glasurit.

O que no princípio era uma tentativa de fusão virou realidade: a BASF acabou se unindo à Glasurit. Com isso, no princípio, a empresa passou a ter cargos duplicados. Éramos dois os diretores de RH. Como alternativa de carreira, eu tinha duas opções: me manter como RH, mas na Alemanha, onde iria participar das políticas de Gestão de Pessoas para o Grupo, ou mudava de área na Basf aqui no Brasil. Optei pela Alemanha.

Fui para Ludwigshafen, onde fica a sede da BASF, com a família, e lá fiquei quase três anos, entre 1993 e 1995. Hoje, sinto que não ousei tanto quanto poderia ter ousado nesse período que vivi na Alemanha. O idioma inicialmente foi uma barreira. Ou falava alemão ou falava alemão.

Em 1994, a BASF Brasil e a Glasurit Brasil se tornaram uma só empresa, a BASF S.A. O meu retorno, portanto, foi bem estranho. Quando saí, eu trabalhava para duas empresas. Quando voltei, vim trabalhar numa empresa que eu não conhecia mais. Fui aprendendo o novo cenário, e aos poucos vieram as promoções. Em 1995, me tornei diretor de Recursos Humanos da BASF S.A.; em 1999, assumi o Mercosul; em 2004, a vice-presidência de RH para a América do Sul, e passei a fazer parte do Comitê Global de Recursos Humanos. Esse foi o meu melhor momento de vida profissional, porque senti o RH atrelado às estratégias do negócio.

Quando completei 60 anos, em 2012, começamos a desenvolver meu sucessor. A empresa queria que eu ficasse um pouco mais, e passei outros dois anos na função. Me aposentei em 30 de junho de 2014.

RH estratégico

Senti uma forte mudança de posicionamento da área de Recursos Humanos quando assumi a diretoria de RH da BASF, em meados da década de 1990, mas isso porque eu estava numa empresa diferenciada que chamava o RH para o negócio. Naquele momento, era preciso conhecer a organização como um todo, e não apenas o seu próprio quadrado. Comecei a discutir *business,* desenvolvimento e as dificuldades do negócio em si, concorrência, sucessão. Percebi que tudo está atrelado: é preciso desenvolver pessoas, formar sucessores para a sustentabilidade do negócio.

Naquele momento, comecei a fazer gestão de pessoas olhando o todo, algo que ia muito além das questões legais, do *headcount.* Começaram a exigir uma visão mais holística. Depois apareceu Ulrich, e o mercado passou a valorizar mais a área de Pessoas. Nesse período, porém, houve certa confusão na cultura das empresas. O "manda quem pode, obedece quem tem juízo", que funcionou por décadas, não funcionava mais, mas o que colocar no lugar? Começamos a falar de missão, valores, cultura – uma salada de palavras subjetivas que confundia o profissional de Recursos Humanos e a própria organização.

Mas isso não aconteceu apenas na área de Recursos Humanos. Se pensarmos que até a eleição do Collor, em 1989, o mercado era completamente fechado e a globalização não existia, o que significava ser estratégico? "Estratégico" era algo que se fazia entre poucos, a portas fechadas. Quando o mercado começou a se abrir, as relações nas empresas também mudaram. O RH passou a ser chamado, pois começamos a viver a dita "concorrência internacional". Nesse momento, porém, o RH ainda costumava ser acionado na fase final – o que era um erro, pois chegava o líder de Pessoas e começava a levantar os pontos que todos haviam esquecido de apontar.

O RH hoje

Hoje, o profissional de Recursos Humanos tem uma oportunidade incrível de viver a organização como um todo. Não tem regra para ser bem-sucedido. Eu me preocupei muito com o RH estratégico, e, no final, isso virou um discurso. Hoje, percebo que o Operacional – que foi deixado em segundo plano – também é estratégico e é tão importante quanto a outra parte, pois sem isso a empresa não anda.

A reforma trabalhista veio para dar uma chacoalhada e reviver alguns dilemas do passado. Mais uma vez, teremos de saber negociar – e não sei se estamos preparados para isso. Teremos de reaprender um pouco do básico que ficou esquecido porque fomos muito para um lado apenas, o estratégico.

Para quem está começando, aconselho a ter coragem e ser ousado. Olhe para fora, não apenas para dentro do RH – tenha uma visão que alcance mais do que a sua área. Vá para o mercado, conheça clientes. E conheça o pessoal de dentro muito bem. E o mais importante: faça o simples, não complique. Nós, do RH, costumamos complicar demais tudo. O segredo está nas práticas simples.

POSFÁCIO

Os futuros campeões do RH

Sofia Esteves, presidente do Conselho no Grupo Cia de Talentos

Human Resources Champions – Os campeões do RH – é o título de um dos livros mais conhecidos no mundo da gestão de pessoas. Escrita pelo americano David Ulrich e publicada pela primeira vez em 1997, a obra foi responsável por impulsionar a virada da área de RH e promover uma nova condição e *status* aos profissionais de recursos humanos. Naquela época, a turma do RH ainda carregava o estigma de ser um estranho no ninho dos negócios, um departamento burocrático que, embora temido – pois dali saíam as promoções e as demissões –, era ignorado do ponto de vista estratégico. Não tinha voz junto ao negócio. Não tinha influência junto aos líderes.

Mas aí chegou o Ulrich instigando uma mudança de mentalidade nas empresas e reorganizando o tabuleiro corporativo. Mostrou que uma área bem organizada poderia não apenas estar próxima ao negócio, mas também influenciar seus pares e arquitetar as mudanças da organização. Foi nesse momento que o cara do RH começou a ser chamado para falar. Foi nessa hora que começamos a perceber de verdade o quanto um forte líder de pessoas fazia a diferença nos rumos dos negócios.

Nem todos os líderes de recursos humanos, porém, aproveitaram essa oportunidade. Muitos se mantiveram fechados em suas conchas, com medo de falar, com receio de serem mal interpretados. Alguns preferiram ficar na sua zona de conforto, sem avançar nas pautas de negócios. A esses profissionais resistentes ao chamado da organização coube um longo lugar à sombra – e o esquecimento. Não fizeram diferença na vida da companhia. Não fizeram, portanto, a diferença na vida das pessoas.

Não é o caso do time que compõe este livro. Os 14 nomes presentes aqui fizeram, sim, a diferença na vida dos negócios em que estavam inseridos e, consequentemente, na vida de seus times. Não tiveram medo de ousar, de errar, de dar passos atrás ou de cutucar feridas. Não importa o grau de maturidade que tinham quando assumiram riscos ou foram convocados para papéis maiores, eles tiveram, sobretudo, coragem. Souberam a hora de entrar, de avançar, de regredir, de dizer *sim* ou *não*. Souberam escolher as batalhas que estavam dispostos a lutar. Desenvolveram habilidade para negociar, para ouvir, para compreender. Tiveram sensibilidade e equilíbrio, características fundamentais para quem pretende liderar uma ou 10 mil pessoas. Foram conselheiros quando deveriam orientar; foram estratégicos quando deveriam opinar; foram visionários quando deveriam influenciar.

Eles foram os campeões de RH da sua geração, pois decidiram mudar a rota do próprio destino e, dessa forma, mudar a história do RH nos últimos 30 anos, exatamente o tempo em que eu estou no mundo da gestão de pessoas – foi em 1988 que fundei a DM RH, atual Grupo Cia de Talentos. Minha história, portanto, se une à história deste livro e cruza, em diferentes momentos, o caminho dos 14 personagens aqui citados. Durante nossa jornada, pude acompanhar, de perto e de longe, vários dos passos aqui descritos. Participei de batalhas junto a alguns desses líderes, vivi algumas alegrias – e decepções – com eles e por eles. E, unidos, passamos de fase.

E qual a próxima fase? Como serão os próximos 30 anos? O que esperamos dos negócios e do RH do futuro? Possivelmente teremos todas as profecias do mundo do trabalho cumpridas: empresas mais enxutas, hierarquias mais achatadas, poder mais descentralizado, mais cooperação, menos competição e robôs dominando alguns pedaços. O que as profecias não tratam é como as pessoas vão se conectar com o mundo do trabalho no futuro. Pessoas com todas as suas inseguranças profissionais, com todos os seus sonhos e frustrações, com todas as suas histórias de vida. Se há 30 anos essas pessoas eram a parte fraca da equação, hoje elas representam a variável mais importante – e a mais complexa de ser estudada.

Os futuros Campeões do RH serão aqueles capazes de decifrar essa parte sensível e vital à sobrevivência dos negócios: gente. E, ao decifrar suas potencialidades, fraquezas, sonhos e inseguranças, poderão sustentar não apenas suas organizações, mas ser agentes responsáveis por impactar toda a sociedade. Sim, pois um excelente líder de RH tem a oportunidade (e o dever) de ir muito além da sua agenda corporativa e olhar para o lado de fora dos muros da organização. É lá de fora que está vindo o novo chamado para os líderes de gestão de pessoas.

A vocês, futuros campeões, está reservado um enorme campo para ser explorado e percorrido – que vai muito além do quadrado da sua empresa. A área só vai morrer – como propagam algumas correntes do meio – se não tivermos líderes preparados para mudar de fase e atender ao chamado da sociedade, se não tivermos profissionais para ocupar esse enorme espaço que está se formando, se não tivermos coragem para sair da concha.

GLOSSÁRIO

ASSESSMENT – a tradução literal é "avaliação", mas no mundo corporativo a palavra é utilizada de forma mais ampla e profunda. Fazer um *assessment* significa avaliar competências, conhecer com maior eficiência e critério as pessoas, buscar autoconhecimento e gestão de conhecimento.

BALANCED SCORE CARD – metodologia de medição e gestão de desempenho desenvolvida em 1992 por Robert Kaplan e David Norton, professores da Harvard Business School. Os métodos usados na gestão do negócio dos serviços e da infraestrutura baseiam-se normalmente em metodologias consagradas que podem utilizar a tecnologia da informação e os softwares de ERP – Entreprise Resource Planning – como soluções de apoio, relacionando-os à gerência de serviços e garantia de resultados do negócio. Os passos dessa metodologia incluem: definição da estratégia empresarial, gerência do negócio, gerência de serviços e gestão da qualidade – todos esses passos são implementados por meio de indicadores de desempenho.

BUSINESS PARTNER – também chamado apenas de BP no jargão de RH, o *business partner* nada mais é do que um consultor interno de Recursos Humanos. O conceito foi lançado em 1996 pelo guru de RH David Ulrich em seu livro *Os campeões de Recursos Humanos: inovando para obter os melhores resultados*, com o objetivo de unir o trabalho do RH à área de negócios, envolvendo os profissionais de maneira mais estratégica nas decisões das empresas.

CHANGE MANAGEMENT – gerenciamento de mudanças. Expressão muito usada no meio corporativo para explicar as transformações dos sistemas, dos negócios e das próprias companhias.

COACHING – método bastante utilizado pelas empresas para apoiar o desenvolvimento de profissionais. Segundo Vicky Bloch, uma das mais respeitadas especialistas em *coaching* no Brasil, trata-se de um processo de planejamento individual e autoconhecimento para que a pessoa possa atingir seus objetivos. A partir de uma metodologia, o *coaching* contribui para o desenvolvimento de novas competências, habilidades e comportamentos, trabalhando com o âmbito profissional do indivíduo e o seu desenvolvimento de carreira e liderança.

COMPLIANCE – conjunto de disciplinas para fazer cumprir as normas legais e regulamentares, as políticas e as diretrizes estabelecidas para o negócio e para as atividades da instituição ou empresa.

CURVA FORÇADA – literalmente uma curva de Gauss usada por algumas empresas para distribuir seus funcionários em diferentes níveis de desempenho e potencial, o que significa "forçar" o gestor a enquadrar seus profissionais nos níveis desejáveis. Sendo assim, sempre vai haver um número máximo de pessoas que podem ficar no topo.

HEADCOUNT – número de pessoas que trabalham em determinada área, equipe ou empresa.

HUMAN CAPITAL – literalmente "capital humano", conceito adotado na década de 1980 na área educacional. Refere-se ao conjunto de conhecimento, habilidades e atitudes que favorecem a realização de trabalho a fim de gerar valor econômico.

MAPEAMENTO – expressão usada entre os profissionais de Recursos Humanos para se referir à identificação de perfis, de talentos e de potenciais sucessores.

MATRIZ NINE BOX (9 BOX) – ferramenta que permite a visualização do mapeamento de talentos na organização, com base no desempenho do profissional *versus* a capacidade de desenvolvimento (potencial). Os profissionais avaliados pela matriz nine box são classificados em três níveis: médio, baixo e alto. A ferramenta é muito usada por empresas para ajudar na tomada de decisões sobre pessoas: promoções, demissões, aumentos de salários, desenvolvimento e para identificar o grau de maturidade do seu time.

MENTORING – traduzido normalmente como "tutoria" ou "mentoria", o *mentoring* é uma ferramenta de desenvolvimento profissional e consiste em uma pessoa experiente ajudar e dar orientações a outra menos experiente. O processo de mentoria inclui conversas e debates sobre assuntos do mundo do trabalho, mas também da vida pessoal do profissional. É uma ferramenta cada vez mais usada nas empresas para ajudar no desenvolvimento de profissionais mais jovens.

ONBOARDING – processo de integração dos novos funcionários no ambiente de trabalho.

OUTPLACEMENT – também chamado de "transição de carreira", o *outplacement* é um processo que tem como objetivo apoiar e orientar profissionais que foram desligados de uma empresa para encontrar uma nova colocação no mercado de trabalho. Normalmente, esse processo oferece aconselhamentos, treinamentos e orientações de especialistas que, além de diminuir o impacto de uma demissão, podem agilizar seu retorno ao mercado.

OUTSOURCING – em português a palavra mais usada para *outsourcing* é "terceirização". No ambiente empresarial, significa terceirizar para uma outra companhia o desenvolvimento de uma certa área da sua empresa. A expressão remete para uma fonte que está no exterior. Dessa forma, uma empresa procura uma fonte "externa" que possa trabalhar uma área do negócio de forma mais eficiente, produtiva e lucrativa, permitindo que seu núcleo se concentre na parte mais estratégica do negócio. O *outsourcing* está intimamente relacionado com a subcontratação de serviços e, na grande maioria dos casos, é capaz de tornar uma empresa mais rentável.

PIPELINE – termo mais usado pelas áreas de vendas e marketing que significa o "funil de vendas". A tradução literal da palavra inglesa é "oleoduto", uma referência ao processo comercial de uma empresa: uma venda só é concluída após passar por uma série de processos. *Pipeline*, portanto, significa o mapeamento desses processos. A palavra ficou tão usual que passou a ser adotada por outras áreas para falar do seu plano de ação antes de iniciar algum projeto.

PLR – Participação nos lucros e resultados. É uma espécie de remuneração variável praticada no mundo todo de acordo com as estratégias de cada companhia. Ela visa envolver os funcionários nas metas estipuladas pela organização, uma vez que só ocorre a distribuição dos lucros para todos quando algumas metas preestabelecidas são alcançadas após o período determinado pela empresa.

SIX SIGMA – em português, Seis Sigma, é uma estratégia gerencial utilizada para promover mudanças nas organizações, fazendo com que se alcancem melhorias nos processos, produtos e serviços para a satisfação dos clientes. Seu principal objetivo é a obtenção de resultados de forma planejada e clara, tanto de qualidade como de rentabilidade – aumento das margens financeiras.

SUPPLY CHAIN – cadeia de suprimentos ou cadeia logística. O conceito diz respeito a todo o processo logístico de determinado produto ou serviço, desde sua matéria-prima até a sua entrega ao consumidor final.

TEAM BUILDING – a tradução literal é "construção de equipe". O conceito é bastante disseminado no meio corporativo para desenvolver o "espírito" de time no ambiente de trabalho, com o objetivo de melhorar o desempenho dos funcionários e aumentar a produtividade das equipes.

TURNAROUND – mudar significativamente o desempenho de uma empresa ou simplesmente "virar o jogo". A expressão é usada no mundo corporativo quando uma empresa sai da rota de declínio e volta aos trilhos de crescimento.

TURNOVER – significa "virada" ou "reversão" e é um termo utilizado de diversas formas no cenário corporativo. Na área de Recursos Humanos, *turnover* significa a rotatividade de pessoal em uma organização, ou seja, as entradas e saídas de funcionários em determinado período de tempo. O cálculo do *turnover* tem a função de determinar a porcentagem de substituições de funcionários antigos por novos e, consequentemente, analisar a capacidade da empresa em manter os seus colaboradores.

WORK LEVELS – nível de complexidade do trabalho que é exigido de acordo com o cargo de referência, medido conforme as habilidades necessárias para executar uma atividade ou tomar uma decisão.